漫畫

彼得林區 10倍+ 選股術

日本超人氣投資顧問 栫井駿介——總監修
Chabo——漫　畫
張婷婷——譯　者

マンガでわかる ピーター
リンチの投資術

PETER LYNCH
INVESTMENT
METHOD

目錄

PART 4 全盛期

從失敗中學到的交易技巧及最強武器轉機股

PART 5 熟年期
決定退休！用散戶的身分繼續探索10倍股

前言

我是TSUBAME投資顧問公司的經營者，為個人投資者提供長期投資的建議。

說到長期投資最著名的投資家，那應該就是華倫·巴菲特了。他是一位透過股票交易累積大約10兆日圓資產的偉大人物。

只不過，巴菲特的投資法相當深奧，需要花費許多時間才能消化、理解，對於剛接觸投資的初學者來說，很難立竿見影地實際體會到它的效果。

這讓我起心動念，思考「有沒有那種即使是初學者也能容易理解，又能實際感受到效果的投資方法呢？」為此我翻遍了各個投資大師的著作，終於發現了一位合適的人選，就是本書的主角──彼得·林區。

林區於１９７０至１９８０年代，在美國的投資信託公司──富達投資擔任「麥哲倫基金」的經理人，在他擔任經理人的13年期間，創下了平均年化報酬率29·２%的驚人紀錄，這也讓他成為華爾街家喻戶曉的人物。

林區的投資之道，在於「就因為是業餘投資人，所以才能勝過專業投資人」。這句話的意思是，業餘投資人可以藉由觀察日常生活中的事物，從中發掘出很棒的個股，並因此得以比專業投資人更快出手投資。林區自己就秉持這個想法，將之付諸實踐，因而發掘了許多「10倍股」。

在卸下「麥哲倫基金」經理人的職務之後，林區專注於培育個人投資者，他所提出的「10倍股狙擊法」不僅適用於投資老手，即便你是剛接觸金融市場不久的初學者，也能透過本書所彙整的內容，有效提升投資勝率。

既然你拿起了這本書，就表示你或多或少已擁有買賣股票的經驗，或至少對投資有興趣吧。如果你的投資手法尚未成熟，我相信林區對股票投資的解說，一定能成為你的投資指引。

請務必要反覆閱讀本書所歸納的重點，以實際的行動發掘出市場上的「10倍股」！

桴井駿介

PART 1

幼年～青年期

11歲打工當桿弟
因此邂逅
改變一生的股票

林區的格言

Lynch's words

「你最初買進的股票，將會成為未來的投資根基。」

——1989年，《彼得林區選股戰略》第1章

幼年～青年期

1944-1965

體現「10倍股」的選股大師

在投資的世界裡，股價跳上10倍的個股就稱為「10倍股」（ten-bagger）。所謂的bagger，在棒球術語中是指「有壘安打」的意思。而ten-bagger就是形容一檔股票創下的飆漲記錄，有如在一場棒球比賽中擊出能跑滿十個壘包的安打一樣驚人，因此

稱為10倍股。

10倍股一詞，正是由彼得．林區發揚光大的。林區是一位能預見日後將飆漲數倍的飆股、並搶先在其他人都尚未注意到它時買進的成功投資家。

在林區擔任「麥哲倫基金」的經理人期間，就在投資組合中納入多檔10倍股，從1977年起，他花了僅僅13年的時間，就讓這檔基金的資產成長777倍，也讓他被外界稱為是「史上最傳奇的基金經理人」。

與股票的邂逅到體驗10倍股

林區的家人與親戚幾乎都與投資扯不上關係，他在一個與股票無緣的環境中長大。但即便是對投資一竅不通的這家人，也親眼目睹了1929年的經濟大蕭條[1]。

1 意指發生於1929至1933年間的全球經濟大衰退，是二十世紀持續時間最長、影響最廣、強度最大的經濟衰退。

受到股市暴跌的波及，1933年時，美國約有1萬家銀行破產倒閉，占了全美銀行總數的40%。企業也陸續關門大吉，失業者達到1300萬人之譜。

由於股市暴跌，投資人皆蒙受了巨大的損失。「股市害人不淺」、「做股票會令你一無所有」，林區的家人就是以此告誡他的。

就在這個時候，林區的父親因為癌症過世了，為了分擔家計，林區從11歲開始，就在高爾夫球場打工當桿弟，也因為這個緣故，讓他與「股票」結下了不解之緣。由於高爾夫球場經常有許多公司老闆與主管造訪，他們會在打球時閒聊「自己靠哪一檔股票賺到錢」等話題。在耳濡目染之下，林區一邊打工，一邊也開始鑽研起股市的知識。

上了大學之後，除了繼續做桿弟的工作，林區也開始嘗試買進自己的第一檔股票。契機在於，他在某堂課上讀到一篇描述「航空貨運業務的前景一片光明」的報導。他研判，「飛虎航空」（Flying Tiger Airlines）這間在報導中出現的公司，股價即將上漲，於是他便買進該公司的股票。

當時，該公司的股價只有7美元左右，但2年之後，股價就成長了5倍，最終成

為10倍股。林區把這筆獲利，拿來支付自己就讀商學院的學費。

林區把這次的經驗，比喻為「初戀會對未來戀愛時造成的影響」，他說：「你最初買進的股票，將會成為未來的投資根基。」

事實上，這段經歷確實影響了林區，使他確立了「10倍股」的投資思維，最終也令他蛻變為大家口中「史上最傳奇的基金經理人」。

1944年1月19日
美國麻塞諸塞州
是個健康的男孩唷！
日後被稱為「傳奇」的彼得・林區——
出身於一個雙親皆很勤勉的人家。
他在一個普通家庭中健康的成長。
當時的林區並不知道……
此時的美國股市，正處於極度的崩盤恐慌之中。

當時的美國，正處於二戰過後的冷戰時期，經濟雖然已經漸漸復甦……
AGAINST HUNGER
但對經歷過1929年經濟大蕭條的人來說，人們普遍對股票抱持著不信任感。
林區的親人也不例外，他們認為「投資股票很危險」……
股市會害你把錢賠光！
即便是在這樣的環境中成長，林區日後卻在「投資」這個領域大獲成功。
後來的他說道：「你的出身與素質，完全不會影響你在股票上的成功！」

1954年
爸爸……！爸爸……！
○時××分……
嗚……
在林區10歲的時候，
他的父親與病魔搏鬥3年之後，最終因腦癌而撒手人寰。

為了獨立撫養林區，母親開始外出工作。
媽～慢走
為了貼補家用，年滿11歲的林區也開始打工賺錢。
他的工作…
猛力一揮
好球，打得漂亮！
飛得真遠哪！
今天的狀況不錯唷！
請用！
就是在高爾夫球場當桿弟。

這份工作是透過協助高爾夫球手來賺錢。
而且，桿弟的薪水比送報員高出好幾倍。
真是理想的工作啊……！
喂～你最近過得怎麼樣啊？
上了高中後的林區開始發現，除了薪水，桿弟這份工作還有額外的「好處」。
咦，那傢伙是之前上過報紙的某某公司老闆吧!?
進展的很順利哦……尤其是紡織事業！

來打高爾夫球的人，很多都是知名企業的老闆或高層，
原來紡織業的生意這麼好……
而身為他們的桿弟，可以一邊工作，一邊學到許多商業知識。
而且這些成功人士通常都有一個共同的特徵——
啊～～！
可惡！
喂喂～又出界了嗎？
……
我可不是那種害怕風險而不敢用力揮桿的膽小鬼哦！
正因如此，我才能靠股票賺得盆滿缽滿。
你是說××公司嗎？
你是怎麼發現這間好公司的啊…？
只要球打壞了，他們就會開始聊起最近賺錢的投資，藉此掩飾自己的球技。
每當聽到這些投資成功的故事時，
林區就會開始懷疑從小聽說「股市很危險」的家訓，
漸漸開始對股票產生了興趣。
投資啊……

1963・波士頓大學
喂～彼得！
要一起去吃午餐嗎？
不了～我趕著去交歷史學的報告！
歷史學嗎……這麼說來，除了必修課之外，我跟你上的課都不一樣呢。
你都選了些什麼課啊？
我選的課啊——
星期二是邏輯學，星期三跟五是政治學，還有就是必修課跟……
真假？
你不是商學院的嗎，沒選會計學嗎？

商業不僅是靠冰冷的數字來衡量，對吧？畢竟經營公司的，是活生生的人啊……
所以我選的課，都跟經營的素養有關。
先這樣
我走囉
前陣子在高爾夫球場上，那位有名的投資專家也是這麼說的……
股票就是……
這麼說來…
我的錢也存得差不多了……
或許可以試著挑戰我一直有興趣的投資。
投資股票很危險！
…………

第一次買股票啊……
我得要好好選股才行！
聽好了……這學期的經濟學，我要你們各自去調查自己有興趣的領域。
首先，就是到圖書館去收集你們需要的資料！
有興趣的領域嗎……
嗯？
是航空公司的報導呢！
自1940年代開始，業績呈現跳躍式成長的航空業，未來的前景也將會是一片光明……
the Athenian garments
wears." Puck promised
manage this matter
He found Titania giving orders to
her fairies, how they were to
employ themselves while she
slept. "Some of you," said her
majesty, " must kill cankers
musk-rose buds, and some
war with the bats for their
The fairy king, who was always

咦！
的確……比起現在的交通工具，未來將會是滿天都是飛機的時代！
就這樣，林區決定買進這篇報導中提到「飛虎航空」這間公司的股票。
後來……
距離林區買進第一檔股票的2年之後——
32．75美元……!?
怎麼了？
沒、沒什麼……

沒想到「飛虎航空」的股價已經是我買進時的5倍了！
好厲害……
……
股票就是──
果然，投資股票並不是只會賠錢……
也是能賺錢的！
短短不到2年，「飛虎航空」的股價就漲了5倍，最終成為了「10倍股」。
這也讓第一次投資股票就賺錢的林區非常興奮。

然而——
「飛虎航空」的股價之所以飆漲，並不是因為林區判斷的「因為航空業的未來一片光明」……
而是因為受到越南戰爭的影響，往返太平洋的軍隊及貨物增加，進而使得該公司獲利增加的緣故。
事實上，這是一筆林區「看錯」的投資。
但這個經由實際操作，所獲得「股票也是能賺錢」的實證，對林區而言是一段重要的人生經歷。
這檔林區「最初買進的股票」，是林區日後成為選股大師的重要契機。

幼年～青年期的重要場景❶

IMPORTANT SCENE

大學時期就相信邏輯的重要性

星期二是邏輯學，
星期三跟五是政治學，
還有就是必修課跟……

偏好量化的人不適合投資股票

對沒有投資股票經驗的人來說，投資給人的印象，不外乎是「要面對許多複雜的數字，以及要縝密地預測股價的動向」，然而，根據彼得·林區的說法，只要你具備「一間公司有多少資產？有多少債務？」等等這種小學四年級程度的計算知識，就足以從事投資了。

事實上，如果光靠數字就可以在股市賺大錢的話，那麼你只要花時間守在一台電腦前就夠了，但卻鮮少有人因此而成功。即便你是基於科學方法去計算數字，也無法

保證你買進的股票能按照你的計算走。

也因此，林區才會說：「什麼都想量化的人，不適合投資股票。」

在大學選擇與「素養」有關的課程

1965年，林區從波士頓大學畢業，取得了金融相關的學位。

大學時期的林區，把自己的修課重點，放在歷史學、心理學、形而上學、知識論、邏輯學、宗教學，以及希臘哲學等文化素養的課程上，至於**跟商業有關的統計學、企業管理學等課程，則僅修讀了必要的課**。

多年之後，林區在回顧自己的大學生涯時說道：「比起統計學，歷史和心理學對我日後從事投資工作的幫助更大。」

他強調：「投資股票是一門藝術，而不是科學。」以及「選股時，邏輯學非常重要。這門學問告訴我，華爾街[2]的思考方式有多不合邏輯。」

2 紐約證交所的所在地，亦是全球的金融中心。此處泛指整個金融市場。

要知道，股價的波動是難以預測的。即便是華爾街的投資人或分析師指出「股價會在某個價位盤整停滯」，但它卻依然有可能會跌破眾人眼鏡，出現大幅的漲跌波動。

如果行情不如投資人或分析師的預期，他們往往會把這個錯誤合理化，提出像是「因為共和黨會贏得下次的選舉，所以股價上漲了」或是「因為路上女性的裙子變短了，代表經濟很強勁，所以股價上漲了」等等牽強附會、毫無邏輯的理由。

在林區眼裡看來，華爾街專家們所主張的這類因果關係，就跟古希臘的「公雞及太陽理論」沒有兩樣。

古希臘人相信，早晨的太陽是因為被公雞的啼聲喚起的。從現代科學的角度來看，兩者當然不存在因果關係，但是對當時的人們來說，他們只看得見發生在眼前的事，因此誤解了公雞啼聲與日出的因果關係。

同樣的，華爾街的投資人之所以為自己失準的預測找理由，是因為他們不想承認自己的失敗——這才是讓他們賠錢的主要原因。

由於林區很早就知道修讀邏輯學等素養課程的重要性，**因此他能客觀地看待投資**

人對「因果關係的錯置」。

另一方面，在面對自己在投資上犯的錯時，林區也能客觀地理解「自己究竟是哪裡做錯了」。

運用邏輯思考破解投資失敗的3大迷思

不能只靠K線圖去判斷一檔股票

彼得．林區在大學時期所修讀的邏輯學，是一門以歸納法與演繹法一步一步建立思考框架的學問，這對他日後成為基金經理人時，辨識那些「華爾街的非邏輯思考」非常有幫助。

舉例來說，在投資的世界裡，當公司業績不佳導致股價大幅下跌時，很多人都會說：「股價都跌到這種程度了，接下來應該會反彈了吧？」然而，股價並不會基於你的「想像」而上漲，而是像林區說的，**「股價會受到當下市場情勢和公司狀況等多方面的影響，有時甚至可能會繼續下殺」**。

即使一間公司開發出優秀的產品，進而推高了股價，但倘若後來出現大量類似的產品致使市場飽和、業績下滑，那麼股價也會跟著下滑。換言之，投資股票並不是關注線圖上的股價變化就好，還必須考量整體產業和經濟環境的現況，否則很難獲得成功。

對此，林區也警告說，「如果你的思維方式過於狹隘，你的投資注定會以失敗收場。」為了幫助讀者避開投資誤區，以下將列舉出3個林區眼中，投資人經常會掛在嘴邊的錯誤思維。

迷思1 憑感覺就知道「股價不會再跌了」

股票投資的基本原則，就是在股價低時買進，在股價高時賣出。因此，許多人會拼命地去猜測股價的底部，試圖想要「抄底」。

這類投資人經常會使用「攤平」的方法去交易股票，也就是在判斷股價已經落底後買進，若之後股價進一步下跌，就再加碼買進。這個做法可以降低買進的成本，在股價反彈時賺取更大的利潤。但相對的，如果攤平後股價依然持續下跌，就得面對損什麼是「攤平」？

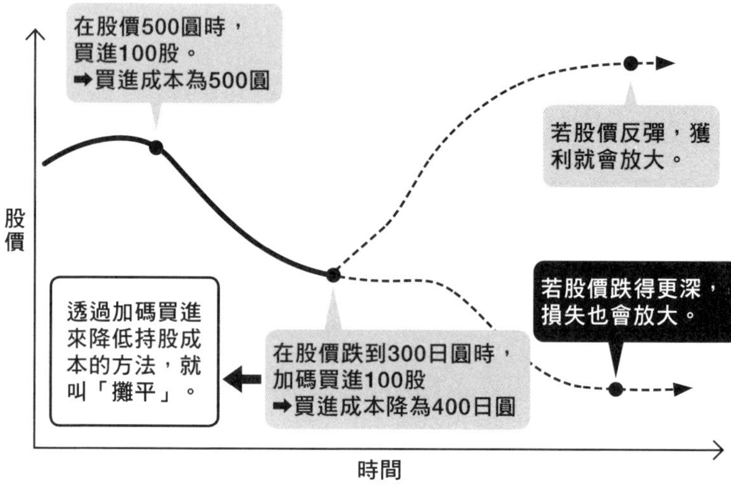
在股價500圓時，
買進100股。
➡買進成本為500圓
若股價反彈，獲利就會放大。
股價
若股價跌得更深，損失也會放大。
透過加碼買進來降低持股成本的方法，就叫「攤平」。
在股價跌到300日圓時，
加碼買進100股
➡買進成本降為400日圓
時間

失擴大的風險。

有一句投資名言說：「不要去接往下掉的刀子！」而攤平，就是一種會令人賠光所有的投資方式，即便對經驗豐富的投資人來說也是如此。

而林區對這句話的見解則是，「你應該要等到刀子落地、停止晃動之後再伸手去接起它」。因為沒有人會知道股價真正的底部在哪裡，胡亂攤平是非常愚蠢的事。

迷思2 股價一定會再漲回來

即便是全球頂尖的企業，也會因為爆發醜聞事件或經營不善而倒閉。

２０１０年申請破產重組的日本航空（ＪＡＬ）就是一個例子。２０１０年１月，該公司陷入資不抵債的經營困境，最終被迫下市，股價歸零。

雖然大企業股價下跌後，數年後再漲回來的情形並不罕見，但是像日本航空這樣因為經營不善、股價一路跌到下市的案例也所在多有，因此，盲目抱持「股價一定會再漲回來」的觀點，最終一定會導致投資失敗。

迷思3 因為股價漲了，所以我做對了；因為股價跌了，所以我做錯了

「買進股票後的隔天，股價就上漲了１００圓」，如果你不是短線交易者的話，像這種情況離「投資成功」還遠得很。

要知道，股價僅僅是反映了「其他人用更高的價錢買進同一檔股票，或者用更低的價格買進同一檔股票」，如此而已。

林區並不會用股價高低去衡量一筆投資的正確性，他看的是「公司的成長」。如果公司有成長，股價就會隨之上漲。１００圓、２００圓的漲幅並無法衡量一間公司的成長性，追求這種短期的價格波動根本毫無意義。

投資時，要避免陷入「沒有邏輯的思維」

前述的這些迷思，大多是因為人們沒有確認「股價未來是否有上漲的空間」，相對的，他們都被「眼前的股價」迷惑了。

投資人在做「應該要停損，或是要繼續持有一檔股票」的決策之前，必須先釐清「股價下跌的原因」，以及「未來這間公司的業績是否有轉機」等等，足以推動股價上漲的因素，但股市的輸家們通常都忽略了這個關鍵的檢討步驟，相反的，他們為了安撫自己而合理化股價下跌的因素，因此陷入「沒有邏輯的思維」中。

林區曾說：「每一檔股票的背後都是一間公司。」這句話的意思是說，公司的業績好壞會導致股價的強弱，因此投資人更該關注的應該是公司本身。正如前文所述，公司營收及利潤若能持續成長，那麼股價上漲是早晚的事。而林區之所以成功，就是**因為他鎖定的是那些股價處於相對低點，但未來成長可期的公司加以投資**。

然而，也有一些股票，即使公司業績持續成長，但股價卻沒有太大的表現。所以採取中長期投資的心態是很重要的，不要被短期的股價波動所迷惑，在股價下跌時賣

把「公司的成長性」當作投資基準點

A公司

雖然名氣不響亮，但業績卻節節攀升。明年還有在新地區拓展業務的計畫。

→ 這是具未來成長潛力的個股。趁著股價還很便宜時買進吧！

→ **成功**

並非知名度，而是因為注意到它的成長性而獲利。

B公司

因名嘴的介紹而人氣飆漲。但管理階層的意見分歧，未來的發展存在不確定性。

→ 這是大家都在討論的熱門股，股價水漲船高，趕快上車吧！

→ **失敗**

對它的未來成長一無所悉，被割韭菜是剛好而已。

出你的持股。你應該關注的是「公司是否有提升業績的策略」，例如致力於削減那些不符成本的部門，或者致力於打消債務、提升現金的水位等，都是提升業績的方法之一。

可以說，「林區流選股術」的第一步，就是不要盯著股價的線圖看，而是要關注股價背後的公司。

POINT

- 不要陷入視野狹隘的思維中。
- 比起關注股價的漲跌，更應該關注公司為了提升業績下了什麼工夫。

幼年～青年期的重要場景❷

IMPORTANT SCENE

第一次買股票就買到夢幻10倍股

大二時買進人生第一檔股票

彼得・林區第一次投資股票，是在1963年他大學二年級的時候。靠著桿弟的工作及獎學金的進帳，讓他累積了一筆資金，得以實現自己一直以來想嘗試投資的願望。

某一天，林區在學校裡看到一篇提及「航空產業未來一片光明」的報導。那篇文章介紹了航空業的展望，以及一間專營航空貨運的公司——飛虎航空[3]。而這間公司就是林區買進的第一檔股票。

當時，林區以每股7美元的價格，買進10股的飛虎航空。**結果這檔股票一炮而紅，從他買進之後短短2年的時間，股價就漲了5倍。**

只不過，令飛虎航空股價飆漲的主要原因，並非是林區所預料的「因為航空產業的急速成長」，而是因為1960年代爆發的越南戰爭，使得航空貨運的需求迅速增加。由於該公司是運送戰爭所需物資的主要承包商，因此也讓它的獲利扶搖直上。

林區逢高減碼，慢慢地賣出手中的持股，把賺到的錢拿來支付自己的學費，**最終這些股票的價值，已成長至他當初買進的10倍之譜。**

而林區自波士頓大學畢業後繼續攻讀的學校，就是知名的賓州大學華頓商學院。

儘管林區對華頓商學院的課程有些微詞，認為「該校教的與我在富達所做的事大相逕庭」，但這依然無損華頓商學院在國際間的盛名，有「股神」之稱的巴菲特亦是該校的校友之一[4]。

---

3 創立於1945年的飛虎航空，是美國第一間專營貨運的航空公司，1988年12月被聯邦快遞（FedEx）收購。

4 巴菲特曾於1947至1949年在華頓商學院就讀，但後來轉學至故鄉的內布拉斯加大學。

股價波動會依股票的類型而異

雖說第一次買股票就買到了10倍股，有可能是林區的新手運，但從那之後，他依然不斷地發掘出10倍股，靠的就是他深入分析了「什麼樣的股票才會成為10倍股」，以及「什麼樣的股票無利可圖」。

為了做分析，林區在交易股票時，會做好每一檔個股的筆記，如果忘了當初為什麼會買進某檔股票，就會回頭翻閱自己的記錄。

林區說，股市總是在不斷變化，由於無法預測明天的行情會怎麼走，所以投資股票並沒有明確的公式可以依循。然而，**只要能掌握每一個產業，其業績變化的因素，就能在某種程度上掌握股價的動向。**一般來說，當一間公司的業績順利提升時，投資人會看好它未來的發展，進場買進股票；相反的，如果業績下滑，它的股票則會被拋售。

此外，**業績的成長方式也會因各個公司的規模，而有不同的變化。**對大公司而言，業績要成長1倍是相當困難的事，但對小公司而言，業績要成長5倍，甚至10

倍，都不無可能。

基於這個觀點，林區把股票區分成6個類型，憑藉大學時期買到10倍股的成功經驗，他逐漸形塑出自己獨特的選股風格。

從6大股票類型中找出最強潛力股

股票可以分為6大類型

雖說股票有時會隨著市場整體的走向或經濟情勢而漲跌，但哪種類型的公司會有哪種類型的價格走勢，在某種程度上是可以加以區分的。

例如，大型企業由於規模龐大，且獲利模式已經成熟，你很難期待它的股價會出現大幅的上漲。

以日本的上市公司為例，像是以「ＨＯＮＤＡ」之名而廣受人知的「本田技研工業」（７２６７），是一間年營收約15兆日圓的大企業，旗下的新車銷售也屢創佳績，但若觀察它近十年來的股價，卻少有顯著的波動。

彼得．林區將股票分成6大類型

類型	特徵
①緩慢成長股	沒有太多成長空間的大型企業。一般都是進行以領股息為目的的投資。
②穩健成長股（績優股）	公司規模雖大，但比起①有更多成長空間。在經濟不景氣時也特別抗跌。
③資產股	擁有某些高價值資產的公司。
④快速成長股	年成長率20～25%的個股。只要公司能維持這個成長速度，股價也會大幅成長。
⑤景氣循環股	容易受到景氣影響的個股。由於股價波動的幅度較大，因此買進與賣出的時機點很重要。
⑥轉機股（業績復甦股）	有潛在破產風險的個股。但若業績轉虧為盈，股價也有可能迅速上漲。

若想找到10倍股，就必須鎖定④～⑥類的個股！

另一方面，日本新藥（4516）這間公司，10年前的年營收約為670億日圓，股價大約在1000圓上下，在日股中算是規模相對較小的「小型股」。然而，它2021年3月期[5]的營收卻暴增至約1210億日圓，股價最高來到1萬圓。也就是說，**相較於大公司，小公司的成長空間更值得期待。**

像這樣，依據不同公司的特性進行分類之後，就可以把股票區分

5 意指2020年4月1日至2021年3月31日的財政年度。

成：「緩慢成長股」、「穩健成長股」、「資產股」、「快速成長股」、「景氣循環股」，以及「轉機股」等6大類型。以下將分別介紹。

穩定但動能偏弱的股票類型

①緩慢成長股

已經發展成熟、成長率較小的個股（如同前述的「本田技研工業」），就稱為「緩慢成長股」。

所謂的成長率，是指公司每年獲利增加的百分比，也稱為獲利成長率。舉例來說，若公司上一個財年（去年）的獲利是10億圓，而今年的獲利是10．2億圓的話，那麼獲利成長率就是2％。

一般來說，「緩慢成長股」的獲利成長率會維持在大約2至3％左右。如果投資人注重的是股息收益，或者可以享受某些股東優惠的話，那麼這類股票就很適合你。但是，如果你投資的目的是想抓到「10倍股」的話，這類股票肯定無法滿足你。以日股來說，豐田汽車（7203）或KDDI（9433）等大公司，就符合「緩慢成

公司「獲利成長率」的計算方法

$$\text{當期純益成長率（\%）} = \frac{\text{當期純益} - \text{前期純益}}{\text{前期純益}} \times 100$$

從損益表[6]計算成長率的方法

這些資訊在「決算書」裡都有

（單位：百萬日圓）

決算期	2020年3月期	2021年3月期
營收	38,000	42,000
⋮	⋮	⋮
當期純益	7,500	9,000

這是前期純益　這是當期純益

$$\rightarrow \frac{9{,}000 - 7{,}500}{7{,}500} \times 100$$

$$= 20\%$$

這是當期純益成長率

長股」的特徵。

②穩健成長股

在大企業中也不乏表現超越「緩慢成長股」的股票，那就是「穩健成長股」。這類公司由於擁有擴增市占率及增加營收的潛力，因此股價有2至4倍的上漲空間。另一方面，由於公司規模大，對抗不景氣的強大能力也是其優勢之一。

然而，由於持有「穩健成長股」

6 損益表：決算書中的財務諸表之一。也可簡稱為P/L。表示企業在一定期間內的收益與費用。

必須花費10到20年左右的時間才能看見顯著的獲利，若考量時間成本，買進下述的④「快速成長股」，瞄準那些有潛力增值10倍以上的股票，就能創造更多投資收益。

生產清潔劑及護膚產品等日用品的「花王」（4452），其每年的獲利成長率雖然偶有波動，但若以5年、10年的期間來看，整體仍呈現向上成長，這就符合「穩健成長股」的特徵。

③資產股

第3類股票是「**資產股**」。一般指的是那些擁有某些特殊資產，且專業分析師、投資人尚未察覺到的公司。

所謂的資產，並不是只有「現金」而已，還包括：不動產、土地、金屬、石油，甚至是報章雜誌等媒體，也都屬於公司資產的一部分。如果公司擁有全國性的連鎖門市，那些門市也是公司資產之一。重點在於，那些資產的價值是否有反映在當前的股價上。如果一間公司擁有龐大的資產，但股價卻很便宜的話，那麼這檔「資產股」就很值得買進。

在所有資產當中，**最容易衡量價值的就是「不動產」**。有些公司會把名下擁有的土地市值公布在「有價證券報告書」[7]上，即便你不熟悉不動產的行情，也能輕易地查看比較。你可以把公司持有的「不動產」總值，除以公司已發行的股數，就能算出它每一股的不動產價格，接著就能把這個數字與它每一股的股價來做比較。

有機會上漲10倍的股票類型

接下來3種類型的股票，就是林區認為有潛力成為「10倍股」的標的。

④快速成長股

「快速成長股」是指每年以20至25%的速度成長的股票，有些不僅可以漲10倍，甚至100倍、200倍也不無可能。

日股中的Dip（2379）就是一例。從2007至2013年，它的股價一

7 有價證券報告書：上市企業揭露的公司資訊。上市公司在法律上有義務提示決算資料等與投資相關的資訊。

直都低於100圓的價位，最低甚至來到35圓。但是從2014年開始，它的股價急速起漲，截至2021年11月，股價已上漲至4200圓。

然而，**這類型的公司也有可能面臨資金周轉不靈、難以為繼（輕則裁撤部門、重則倒閉）的情況**。如果它是屬於民生必需品等需求一直都在的產業，那麼問題還不大，否則這類公司在面對難以持續獲利、又急著想擴大事業規模等問題時，就很容易陷入危機。

舉例來說，日本連鎖餐飲集團Pepper Food Service（3053），2011年的股價約莫60幾圓，但由於旗下新創的牛排專賣店「Ikinari!-Steak」大受歡迎，繼而迅速展店，這讓它的股價在2017年飆漲至8230圓的高點。但由於展店的速度太快，導致鄰近的分店競爭激烈，營收成長反而停滯不前。另一方面，該公司2016年的債務約為14億日圓，但到了2018年時已激增到約52億日圓，結果就陷入經營上「難以為繼」的窘境。截至2021年11月，該公司的股價已從高點下挫至300多圓。

④快速成長股「難以為繼」的案例

〈Pepper Food Service（3053）日線圖：2015年6月～2021年9月〉

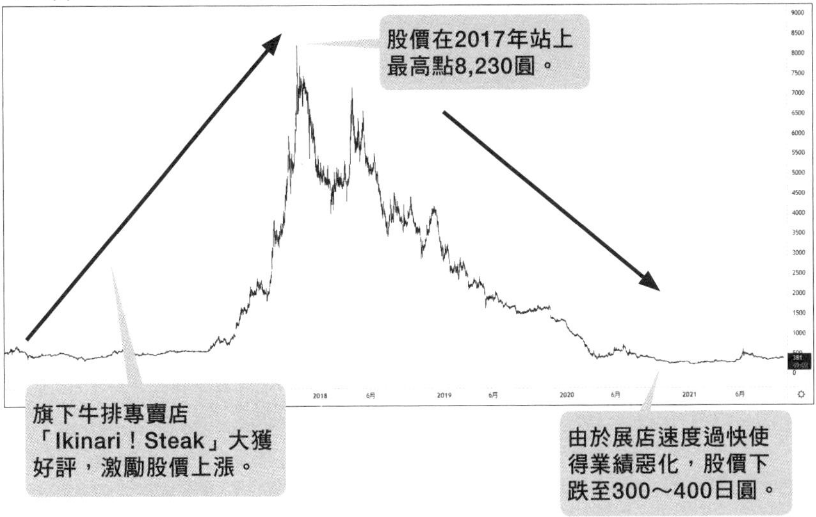
股價在2017年站上
最高點8,230圓。
旗下牛排專賣店
「Ikinari！Steak」大獲
好評，激勵股價上漲。
由於展店速度過快使
得業績惡化，股價下
跌至300～400日圓。
2018
6月
2019
6月
2020
6月
2021
6月

⑤景氣循環股

第5類股票是「景氣循環股」。

這類公司的特徵在於，它們的營收會隨著全球經濟、產業或政策的起伏而反覆波動。像是汽車、輪胎、航空、鋼鐵及化學等產業，就屬於這個類別。

換句話說，如果你能正確抓到景氣與股價的動向，在正確的時間點買進、賣出（也就是逢低買進、逢高賣出），那麼獲利必然可期。

要注意的是，由於「景氣循環股」大多是規模龐大的知名企業，因此很容易將它們與前述的「②穩健成

⑤景氣循環股的價格變動

〈丸紅（8002）日線圖：2012年3月～2021年9月〉

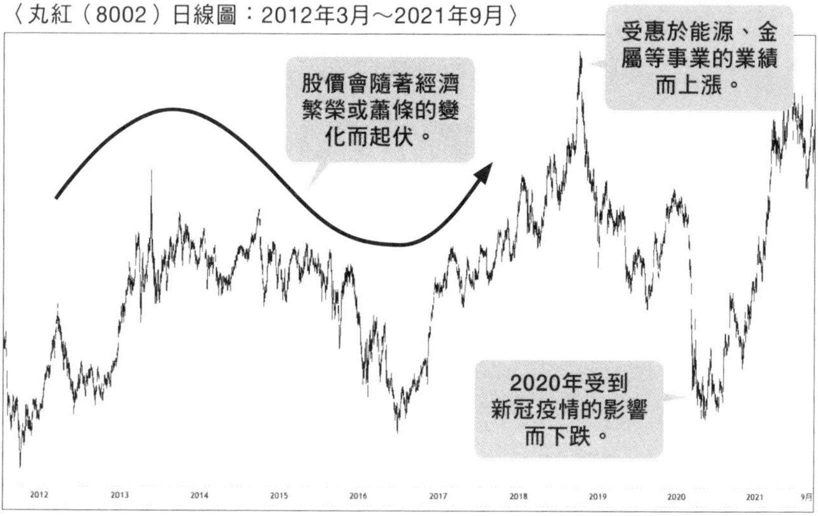
股價會隨著經濟繁榮或蕭條的變化而起伏。
受惠於能源、金屬等事業的業績而上漲。
2020年受到新冠疫情的影響而下跌。
2012
2013
2014
2015
2016
2017
2018
2019
2020
2021
9月

長股」混淆。

上圖顯示的是「丸紅」（8002）過去10年來的股價。雖說丸紅是一間知名的大企業，但從它的股價會「定期波動」這一點，就能看出它與「穩健成長股」的差異。

⑥轉機股

所謂的「轉機股」，指的是那些業績不振、陷入危機的公司。這與我們在「景氣循環股」上看到的股價下跌時期不同，這裡指的是那些有潛在破產風險的公司。要操作這類股票，投資人必須清楚辨別一間公司是否會直接破產，還是能夠走出低潮、重振旗鼓，因此投資難度非常高。

要判斷公司是否有起死回生的可能性，就必須檢視公司擁有多少資產與負債，以及是否有進行縮減開支、裁撤不符成本效益的部門等措施。即使業績不好，但若公司帳上擁有足夠的現金或有價證券等資產，在資可抵債的情況下，就越容易撐過這段黑暗期。

林區自己就是投資「轉機股」的高手（請參閱188頁），事實上，這類公司若能從谷底翻身，投資人的收益將會非常可觀，但代價就是必須背負一定的風險。

判斷你的持股屬於哪一種類型

前述的這6大分類並非絕對，根據實際的情況，一檔股票也可能橫跨不同的類別。舉例來說，屬於「快速成長股」的公司，在發展到一定的程度之後，有可能轉變為「緩慢成長股」或「穩健成長股」；有些屬於「資產股」的公司，同時也屬於「緩慢成長股」。

由於不同類型的股票，預期能獲得的投資收益都不同，因此當你發現一檔有興趣

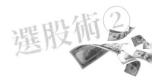

判斷股票類型時不能只看短期資訊

旭化成（3407）的長、短期股價比較

①2020年3月～2021年4月

②2017年1月～2021年4月

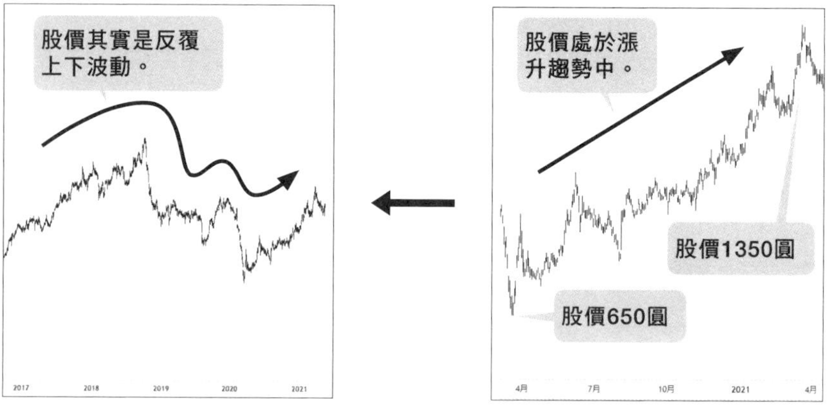
股價處於漲
升趨勢中。
股價1350圓
股價650圓
4月
7月
10月
2021
4月
股價其實是反覆
上下波動。
2017
2018
2019
2020
2021

容易誤認為它是「穩健成長股」或「快速成長股」

從長期股價走勢可看出它是「景氣循環股」

的股票時，首先必須根據它的公司規模、業績走勢、資產多寡等資料，思考它是哪種類型的股票。若認知錯誤的話，你的獲利預估就會失準。

　這裡我們以日股為例來做思考。

　上方有兩張圖表，右圖①是「旭化成」（3407）2020年3月至2021年4月的股價。你可以看到，該公司的股價從每股650圓的低點上漲至1350圓的高點，漲幅達到2倍，單看這張圖的話，會讓人對它今後的漲升趨勢有所期待。

　然而，若把時間拉長來看的話，就知道前述是錯誤的判斷。左圖②是同一檔股票2017至2021年的股價。你可以看到，這段期間的股價事實上是反覆的上下震盪，如此一來，我們就能判斷旭化成是屬於「景氣循環股」。

正如右圖①所示，如果單看2、3年的狹隘時間段，就容易對一檔股票的類型產生誤解，況且，判斷股票類型的指標並不是只有線圖而已，公司本身的資訊也很重要。由於「旭化成」是一間化工公司，因此它符合「景氣循環股」的特徵。

POINT

- **相較於大型股，小型股更有業績成長的空間，股價也更容易飆漲。**
- **10倍股大多屬於「快速成長股」、「轉機股」、「景氣循環股」等這3大類別。**

PART

2

成年期

進入富達公司 練就一身 選股真本事

林區的格言 Lynch's words

「世界上沒有完美的公司，但是你可以想像一間好公司應該有哪些特質。」

——1989年，《彼得林區選股戰略》第8章

成為選股大師的契機

本章的標題，是彼得．林區在其著作《彼得林區選股戰略》中，敘述選股祕訣時所提到的話。

正如同本書第一部分解說的，林區的投資之所以成功，關鍵就在於「找到那些有

飆漲潛力的股票」。然而，毫無相關背景與經驗的林區，是在何時、如何學會，乃至於形塑出自己獨特的選股術呢？

這個契機始於1966年，林區24歲的時候。這一年，他被錄取為富達投資公司[1]的實習生。

當時，林區應徵的職位，錄取名額有3個，應徵者卻多達100人，錄取率僅有3%。在眾多競爭者中脫穎而出的林區，**就以實習生的身分，跟著富達公司的專業分析師們一起工作，調查了許多大大小小的公司。**這段期間，他累積了大量公司及市場分析的基礎知識。

1 富達投資（Fidelity Investments）成立於1946年，是全球第三大共同基金公司，截至2023年9月，該公司共管理約11．5兆美元的資產。

「實戰」比紙上談兵更重要

這段難得的實習經驗，也影響了林區對自己過去在商學院所學知識的看法。學生時期的林區，學到了兩種相互矛盾的投資理論：第一是「股市的漲跌，可以用邏輯去加以解釋」，以及第二是「股市是不合邏輯、隨機波動的，因此難以預測」。

基於兩者的矛盾之處，因此林區對這兩種理論都無法接受。再加上，他在進入富達投資之後，親眼看到幾位成功征服動盪股市的高手，因此更加深了他對這些理論的懷疑。

林區認為，「投資不能光靠理論上的紙上談兵，而是必須透過實戰來累積經驗」，因此比起鑽研理論，他更重視實踐的方法。

從實戰中打磨選股的眼光

學生時期的林區，就不斷吸收日後成為分析師的養分。他並不仰賴自己在商學院學到的投資理論，而是透過自己實際買賣股票的經驗與績效，具體掌握「哪些類型的股票有可能會一飛衝天」。

1969年，他成為富達投資的正式員工，之後的10年，他在分析師一職上累積了豐富的資歷。

對林區來說，世界上並不存在「保證會成為10倍股」的完美公司。即便是開發出優秀產品的公司也不見得會成為「10倍股」，而眼下市場對「熱門產品」的需求也不見得會一直持續下去。

但即便如此，**那些容易成為「10倍股」的公司，卻都有它們各自的特徵**。只要能準確辨識這些特徵，投資人就能從中賺取龐大的利潤。

本書的第二部分，將會深入探討林區鎖定的股票類型，並穿插介紹他的有趣故事。

在林區工作的高爾夫球場，有一位小費給得很大方的客人。
那位客人，就是全球知名投資公司
富達的總裁——喬治・蘇利文
啊啊！
又是OB……
真是可惜啊！
蘇利文是一個「打球不太在行，小費卻給得很大方」的人。
雖然他打了很多次的OB，但他也跟我說了很多似乎對「賺錢」很有幫助的事。

這麼說來……
你現在還是學生吧？
是的！我還在念大學。
謝謝你啊……總是在一旁當我的聽眾。
我才要謝謝您！
我主修金融，能聽到許多實務相關的事，我覺得非常有趣。
咦，你念的是金融嗎？
你幾年級了？
今年是大四。
這樣啊……
如果不嫌棄的話，你要不要來應徵我公司的實習生呢？

剛好前幾天我們才發出招募的訊息。
我、如果我可以的話……我很樂意！
竟然能在富達投資當實習生…！
隔年，順利被富達錄取的林區，為了撰寫研究報告，
走訪了美國各地大大小小的公司。
在富達，我可以做跟正式員工一樣的工作……
還能夠深入第一線，參與投資實務的領域。
航空公司罷工了……接下來我們得搭巴士跑行程。
搭巴士？跑遍整個美國…!?

在商學院念書的時候——
利用這個關係式找出潛在的變數……然後這兩個算式就會變成……
A圖與B圖……觀察它們變數的相似度是……
跟當實習生完全不一樣，學校教的東西很無聊啊……

統計學、微積分、計量分析……這些本來就是做投資所必須具備的「學問」，
只不過，這跟我在富達學到的投資實務，差距真的很大啊……
為什麼要花這麼多時間，教我們這些「實際上用不到」的東西呢？
難道是想讓我們投資失敗嗎……
哇！
啪
對不起！
痛痛痛痛

下一堂課要開始了嗎？
對不起～我得走了！
啊？
開始在富達實習之後，林區覺得商學院的課程毫無意義……
每天的生活都變得索然無味。
不過，就在這時候，他認識了一位名叫卡洛琳的女生。
日後，這兩個人將成為彼此的人生伴侶。

1967年
正值越南戰爭趨於白熱化的期間。
當時的美國還未廢除徵召義務役的制度——
林區也被徵召入伍了。
韓國的任務很輕鬆呢！
真的～我們的運氣真好！
漢城※沒有股票市場，真無聊啊……
華爾街現在不知道怎麼樣了。

※韓國首都首爾的舊稱。

服役休假期間——
好久不見啊～林區！
你最近好嗎？
很好喔！
你在韓國的時候，有個人說想見你一面呢！
你看！
咦？一定跟股票有關吧。
不知道我的持股還好嗎……很期待那傢伙要跟我說的事。
原來，在林區服役期間，只要放假回國，就會研究朋友或同事推薦的股票。
然而，雖然他們推薦的股票都是熱門股，但大多都是保守型的股票，且跌多漲少。

1968年5月11日
林區向卡洛琳求婚。
兩個人在林區服役期間完成終身大事。
隔年，林區服役期滿。
自軍中退伍後，他正式成為富達公司的一分子。
Fidelity
INVESTMENTS

進入富達之後——
短短5年的時間，林區就升任為研究部門的總監。
他的研究能力受到賞識，並於1977年出任「麥哲倫基金」的經理人。
他從美國的東岸飛到西岸，走遍全美各地，參訪一間又一間的公司。
林區非常享受基金經理人的工作。
雖然研究一間公司的方法有很多種……
IR
TEL
但是在這些方法中，林區最喜愛的還是實際走訪一間公司。

這是因為唯有實際走訪，你才能實際感受到一間公司的「氣氛」。
這是從電話或文件上感受不到的事。
林區先生！
這是周一拜訪那間公司的研究結果。
啊～謝謝！
結果如何呢？
它的總部設在一個連當地計程車司機都不願意去的地方……
那裡的辦公室也非常小……
雖然這麼說有點失禮，但是總覺得它看起來很寒酸……
公司內的氣氛也不是很好。
嘆……
雖然營收沒有問題，但它……
……。

聽起來不錯啊，我喜歡！
呃…
這代表那間公司很清楚「要把錢花在哪裡」！
聽好了，在投資的世界裡，存在著「樸實無華的公司」和「莫大的利潤」這種絕妙的組合……
真的嗎？
當然是真的！
事實上，林區就是秉持著這種哲學，買進許多看似「樸實無華的公司」股票……
其中，更不乏有股價在30年間漲了280多倍的經驗。
真是太棒啦！

從實習生開始，走訪各式各樣的公司

進入富達公司的契機

即便已升上大學四年級，彼得・林區依然持續他在高爾夫球場當桿弟的工作。

據林區說，有許多球打得不怎麼樣，小費卻給得很大方的客人，都會跟他分享對「賺錢」有幫助的建議。

其中，有一位名叫喬治・蘇利文（George Sullivan）的客人，**他是富達投資公司的總裁，也是引領林區進入投資圈的關鍵人物**。在某次閒聊中，蘇利文一句「你要不要來應徵富達的實習生」，就此改變了林區的一生。

當時，富達經營的是美國國內投資信託的業務，是金融界的名門之一。在這裡實習所累積的實務經驗，對投資經驗尚淺的林區來說，可說是十分難得的機會。

做跟分析師一樣的工作

1966年，林區被富達錄取為實習生，開始在這間享有盛名的公司工作。林區雖然沒有分析師的經驗，卻也跟其他正式員工一樣，負責調查公司、撰寫研究報告的工作。

一般來說，**分析師都是透過公司所發布的財報資料進行分析，或是參加公司舉辦的法說會[2]來搜集投資所需的情報。**

此外，分析師也會實地走訪各個公司或工廠，藉此掌握公司的事業發展、與經營

2 即「法人說明會」，日本及美國亦稱為「決算說明會」（Earnings Call），通常會在每季財報公布後召開，目的是要向機構投資人說明公司目前的營運狀況及未來獲利展望。

者面談等，然後把這些調查資訊提供給基金經理人，用於投資決策時的參考。

當時，林區負責分析是製紙、出版等產業。為了拜訪那些公司，他必須跑遍美國各地。有時適逢航空公司的罷工事件，他就得搭乘巴士進行長途旅行。

靠自己的雙腳所累積的見聞，讓林區對以往心中過於神化的分析師一職，感到更加親近。

正式成為富達的分析師

1967年，林區入伍服了2年兵役，隨後就以證券分析師一職，正式加入富達公司。

他新接手的產業是紡織業，除了繼續走訪工廠，他還進一步從財報中計算公司盈餘，及股價與每股盈餘的比率，即「本益比」（PER），藉此評估股價，並加深了對紡織業的了解。

值得一提的是，**本益比也成為林區後來在管理「麥哲倫基金」時的重要指標**。簡單來說，本益比可以用來判斷「一檔股票的價位是否偏低」。此外，林區還在本益比的基礎上，進一步使用了「本益成長比」（PEG）這個指標。

這段大量研究、分析無數公司的時期，也讓林區一步步形塑出自己的投資風格。

梣井的解說
10倍+選股術①
INVESTMENT METHOD

運用「本益成長比」找出被市場低估的黑馬

如何實踐彼得林區10倍+選股術？

判斷股價是否被低估的「本益比」

原本有價值的公司，因為一時的業績不振或外界看法不佳，致使它的股價被市場低估，這類股票就稱為「價值股」。

林區在撰寫研究報告時所使用的「本益比」，是一個用以判斷目前的股價是偏低或偏高的指標，亦是價值股投資者廣泛應用的指標。

林區擅長以便宜的價格買進那些被市場低估、具長期成長潛力的股票，這種價值投資風格在他擔任分析師時就已成形，也正是這個時候，他認識了本益比這個指標。

本益比的計算方式，是用「股價」除以「每股盈餘」（EPS），得出來的數字

以倍數來表示，例如10倍、20倍。舉例來說，如果股價為1000圓、每股盈餘為100圓的話，那麼本益比就是10倍。

衡量股價是否便宜的本益比倍數會依不同的產業而異，但一般來說，**本益比在15倍以下，股價就算是便宜；反之，本益比在15倍以上，股價就算是偏高。**

至於「每股盈餘」，通常會根據公司當年的盈餘去計算，也就是說，假設本益比為10倍，而公司每年的盈餘都相同的話，那麼只要10年的時間，投資人就能獲得與自己投資金額相同的收益。

本益比偏高並不一定是壞事

雖說透過本益比能找到那些股價偏低的個股，但並非只要仰賴本益比就一定能投資成功。Google就是一個最好的例子。2017年，Google（即Alphabet）的股價是930美元，本益比是23倍。若按照前述的標準來看，我們可以判斷這是一檔股價偏高的個股。然而，到了2021年10月，它的股價已上漲到約2800美元，本益比成為27倍。

即便本益比很高，但由於該公司提供的服務遍及全球，這讓它得以大幅成長。就算股價多少偏高了，但對一家呈現跳躍性成長、獲利能力不是問題的公司來說，僅用本益比來判斷的話就會失準。

如果在2017年的時間點光靠本益比來判斷的話，你很可能就會以「股價偏高」為由，放棄買進Alphabet的股票，錯失了這段巨大的漲幅（如次頁上圖）。

林區自己也說過，個股的本益比偏高並不一定是壞事，「只要不是40倍、50倍這種驚人的數字就好」。他強調：「高本益比代表投資人對公司獲利提升抱有很大的期待。但重點在於，公司的發展是否符合預期。」

問題是，該如何判斷一間公司擁有提升獲利的潛力呢？

你可以根據公司是否有做到以下5點來判斷：①削減成本、②調漲定價、③擴張市場、④提升市場占有率、⑤改革或關閉／出售賠錢的部門。

只要①～⑤點有任何一項順利執行，股價都有很大的機會上漲，相反的，若公司沒有這些作為，而僅僅只是本益比偏高，這就是一種被「過度期待」的狀態，股價就有可能會向下反轉。

即使本益比很高，股價仍持續上漲的Google公司

〈Alphabet（GOOGL）日線圖：2017年1月～2021年10月〉

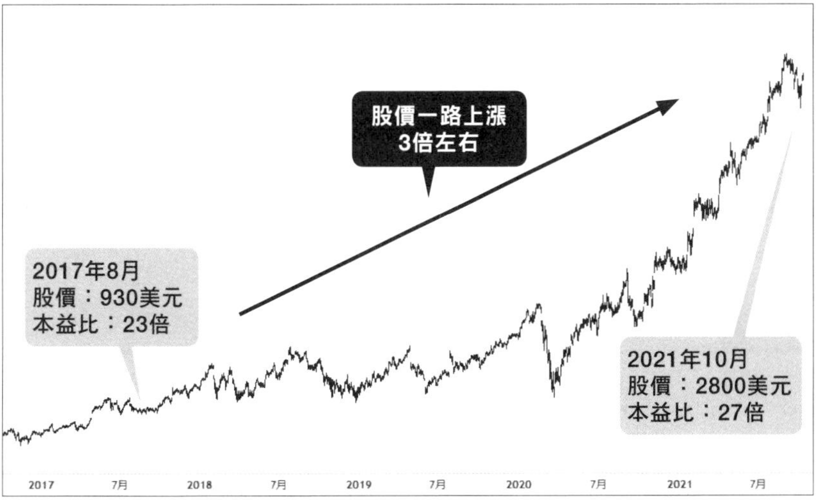
股價一路上漲
3倍左右
2017年8月
股價：930美元
本益比：23倍
2021年10月
股價：2800美元
本益比：27倍
2017
7月
2018
7月
2019
7月
2020
7月
2021
7月

由於Google的商業模式主要是依賴網路廣告的收入，因此隨著網路廣告市場的擴大，該公司的業績也會繼續成長。

根據電通集團在2021年7月公布的「全球廣告費成長率預測」報告指出，2020年「網路廣告」占整體廣告業的比例是47.8%，而2021年的「網路廣告」成長率預估為16%、2022年則為11%，顯示網路廣告未來依然可望持續成長。

考量公司成長率的「本益成長比」

執行前述①～⑤點的公司，業績

及成長率會有所提升，但具體來說，相對於本益比，成長率應該多少才算合理呢？

根據林區的說法，如果公司的盈餘成長率是本益比的2倍，那麼代表值得買進；反之，**如果盈餘成長率只有本益比的一半，那麼股價就有可能會下跌。**

林區提倡的本益成長比，就是運用此一概念的指標——它是將本益比除以每股盈餘成長率計算出來的（請參閱第43頁）。

一般來說，本益成長比超過2倍的個股，代表股價偏高；0．5倍至1倍則是股價合理；0．5倍以下，就代表股價很划算。

按照林區的選股邏輯，一檔本益比為15倍、每股盈餘成長率為30％的股票，就是他眼中的「便宜貨」，把15除以30，可以得出本益成長比為0．5——符合股價很划算的標準。

與本益成長比、本益比有關的資訊，都可以在《公司四季報》[3]或各個證券公司的網站上確認。

只不過，即便你鎖定的個股有可能會如你預期的那樣向上成長，但隨著時間的經過，你最初所看到的本益成長比也有可能會發生變化。這就跟必須定期檢視公司財報

用「本益成長比」找出價格偏低的成長股

本益比

$$\frac{\text{股價}}{\text{每股盈餘}}$$

- 若本益比在15倍以下，代表公司的股價偏低。
- 成長率高的公司，其股價的本益比也會偏高。

本益成長比

$$\frac{\text{本益比}}{\text{每股盈餘成長率}}$$

- 本益成長比在0.5倍以下的公司很值得買進。
- 由於加上了盈餘成長率，大幅增加找出具成長性公司的機會。

投資人不必糾結於一定要選擇本益比低的股票，而是要參考個股的本益成長比。

一樣，投資人也必須定期檢視公司本益成長比的變化，確保最新的本益成長比是否跟你最初所預期的一樣理想。

POINT

- **詳加調查本益比與本益成長比，是選股的基本功。**
- **要與公司提升獲利的發展潛力相互對照。**

3 公司四季報：日本東洋經濟新報社每年發行4次的刊物，每季都會刊載上市公司的投資資訊。（編按：台灣投資人亦可利用證交所揭露上市櫃公司的「公開資訊觀測站」，上網查詢相關資料。）

不能只看數字，還要看數字以外的事

直接從公司端接收資訊

在分析師的工作中，林區積極進行的就是拜訪各個公司。他認為直接拜訪公司，能看見許多無法從財報中反映的資訊。

即便是後來出任基金經理人，林區依然勤於拜訪公司，有時從美國的東岸飛到西岸，一趟就是４０００公里之遙。在巔峰時期，他1年拜訪的公司甚至可以超過２００間。

當林區無法親自走一趟公司的時候，就由同事們代勞，或是由公司負責人直接去

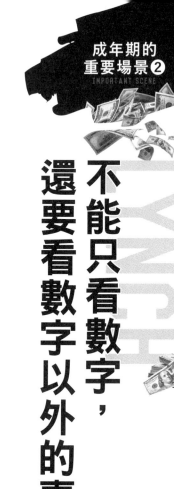

找林區面談。

不起眼的公司居然意外地賺錢

當時，讓林區印象深刻的公司，就是現今已成為專營墨西哥捲餅的大型餐飲連鎖店「塔可鐘」（Taco Bell）。

「塔可鐘」的事業是從一間位於保齡球館後方的迷你辦公司開始的。林區在看到該公司簡陋的辦公室後，對於它「沒有把錢浪費在裝修辦公室」這一點相當有好感，甚至有些震驚。後來，「塔可鐘」成為一間每年營收都能成長20至30％、據點遍布全美的連鎖店。

令林區讚賞的，還有容器、包裝材料製造商「皇冠製罐公司」（Crown Cork & Seal）。這間公司的辦公室裡堆滿了各種商品，地板跟牆壁都褪色了，辦公家具比軍隊用品還要寒酸。

乍看之下，人們會覺得「像這樣的公司怎麼可能會賺錢」，但事實上，「皇冠製罐」就跟「塔可鐘」一樣，它的股價在接下來的30年成長了280倍。

像這樣實地走訪公司，讓林區見識到原來那些其貌不揚的小公司，居然潛藏了巨大的獲利。

林區偏愛的個股特徵

林區偏好那些樸實剛健的公司，但他用來判斷一間公司是否值得關注的重點之一，就是「其他基金經理人或分析師是否已經注意到這檔股票」。

由於專業投資人背負著績效壓力，通常不會去碰那些名不見經傳的個股，相反的，他們關注的大多是那些已經發動漲勢的股票，因此可以收穫的利潤空間就相對小得許多。

在拜訪公司的時候，通常林區最先問的一個問題，就是：「最近有其他分析師或基金經理人來拜訪你們嗎？」

特別是屬於金融類股的銀行或保險公司，由於這類公司的數量眾多，基金經理人很難追蹤所有公司的狀況。例如，有一間名為First Atlanta的銀行，當林區發現它的時候，它已經刷下連續12年獲利的紀錄，由於沒有其他投資人注意到這個標的，它的股價5年後上漲了30倍之譜。

林區把自己選股的心法歸結出13個重要因素，接下來，筆者將一一為各位分析。

判斷「誰是10倍股」的13個關鍵線索

如何實踐彼得林區10倍+選股術？

鎖定那些「還沒有人注意到」的股票

投資人在選股的時候，第一個會注意到的往往是當下最受市場關注的股票。例如2021年當紅的「再生能源」或「半導體設備」等，**像這類在當下吸引市場目光的個股，就稱為「概念股」**。

然而，對追求10倍以上收益的彼得·林區來說，他對那些眾人追逐的概念股沒有興趣，因為此時早已不是最佳的買進時機。相反的，他追求的是那些尚未有人注意到的股票，藉此賺取更龐大的收益。

林區看好的股票，具備以下13個關鍵因素，這些股票的特徵，大致可以分為「受關注程度較低」、「市占率容易成長」，以及「對自家公司有自信」。

類型1：受關注程度較低

這類個股有以下7個特徵：

①公司名稱平凡無奇。
②業務內容或營運模式相對單調。
③屬於分拆出來的公司。
④法人機構未持股的公司。
⑤屬於低調、不引人注目的產業。
⑥有負面傳聞的公司。
⑦因某些因素而受到壓抑的公司。

首先是①。如果公司的名稱很平凡，在業績爆發之前，通常不會有人注意到它。

以日股來說，像是「〇〇產業」、「〇〇物產」等名稱，就是名稱很平凡的代表。

第81頁所述、生產易開罐拉環及瓶塞的製造商「皇冠製罐公司」，直接把代表公司業務的「Cork & Seal」拿來當作公司名稱，就符合①的特徵。此外，由於這類產品雖然有需求，卻沒有什麼特殊的亮點，因此也符合②。

而③所謂「屬於分拆出來的公司」，意指公司一個部門獨立運作的情況，例如玩具量販店「玩具反斗城」，最初其實是Interstate Department這間百貨公司的其中一個部門，當它分拆出來、獨立運作之後，業績因此突飛猛進，股價也成長了57倍。

一般來說，不符合成本效益的部門並不會讓它獨立出去，但若是獲利良好、預期**能獲得許多收益的部門，使其獨立出去的話，就有助於拓展它的業務，有機會實現更進一步的成長。**

關於④「法人機構未持股的公司」，本書的第三部分將會說明具體的案例。林區認為，那些被法人機構鎖定的股票，由於股價大多都已翻了好幾倍，因此並不具備10倍股的特質。相反的，那些未受法人機構青睞的股票就擁有更大的成長空間。

至⑤⑥⑦這幾點，假設某間公司是「黑心企業」或「作假帳」等傳聞確有其事的

13個判斷10倍股的關鍵線索

受關注程度較低	①公司名稱平凡無奇。 ②業務內容或營運模式相對單調。 ③屬於分拆出來的公司。 ④法人機構未持股的公司。 ⑤屬於低調、不引人注目的產業。 ⑥有負面傳聞的公司。 ⑦因某些因素而受到壓抑的公司。
市占率容易成長	⑧屬於成長牛步的產業。 ⑨擁有利基優勢。 ⑩生產人們會持續購買的商品。 ⑪使用科技的公司。
對自家公司有自信	⑫內部人士買進自家公司股票。 ⑬買回自家庫藏股的公司。

話，那麼投資人當然要避開它。但這裡的重點是，倘若公司的負面傳聞與事實不符，它的股價就很有可能被市場低估。

其中，林區把殯葬業視為是⑦，即「因某些因素而受到壓抑的公司」的代表。這類公司由於給人「死亡」的刻板印象，多數投資人都不太想碰。但林區卻從中發現一間名為SCI的殯葬服務公司，它透過收購全美各地的私人葬儀社而擴張事業版圖，以及創造一種以「生者」為對象、分期預繳往生後的喪葬服務業務等，這讓林區十分看好該公司的成長潛力。果然，SCI在1980年代的業績飛快地成長，股價更是在7年內飆漲了20倍。

類型2：市占率容易成長

這類個股有以下4個特徵：

⑧屬於成長牛步的產業。

⑨擁有利基優勢。

⑩生產人們會持續購買的商品。

⑪使用科技的公司。

再怎麼快速成長的產業也一定會在某個時間點出現衰退的斷層。在1980年代，電腦產業蓬勃發展，但伴隨大量後起之秀進入市場、不斷推出更便宜的產品，整個產業就開始陷入價格競爭的紅海，難以創造利潤。相反的，成長率較低的產業，由

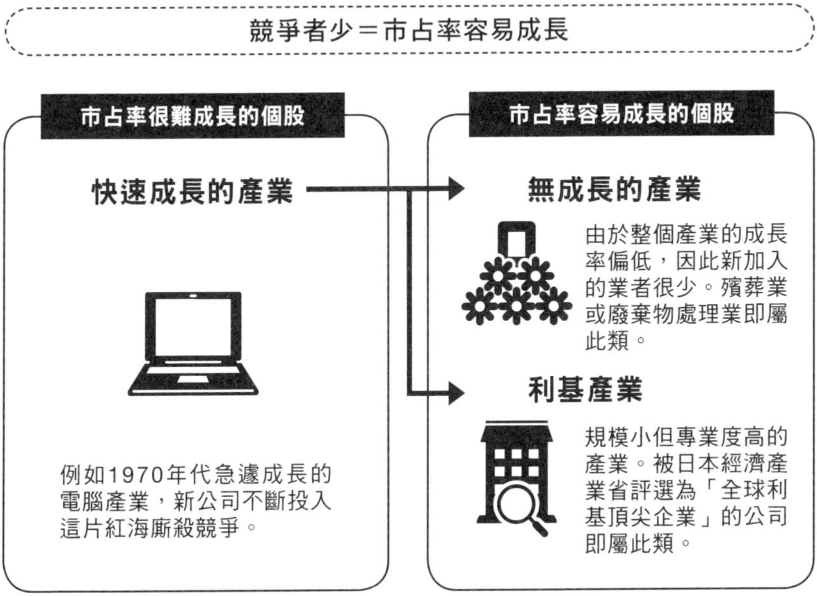
競爭者少＝市占率容易成長
市占率很難成長的個股
快速成長的產業
例如1970年代急遽成長的電腦產業，新公司不斷投入這片紅海廝殺競爭。
市占率容易成長的個股
無成長的產業
由於整個產業的成長率偏低，因此新加入的業者很少。殯葬業或廢棄物處理業即屬此類。
利基產業
規模小但專業度高的產業。被日本經濟產業省評選為「全球利基頂尖企業」的公司即屬此類。

於股價不容易急遽下跌，因此是一個值得考慮的目標。

⑧所謂「成長牛步的產業」就是指，由於成長率較低，因此少有新公司會投入競爭（新創業者通常會選擇切入成長率高的產業），但也因為競爭環境不甚激烈，公司只要抓住機會、找到突破點，就有可能會一飛衝天。

前文所述的殯葬業，在1970年代的年成長率僅有1%。由於新加入的業者很少，因此SCI這間公司才能在不受競爭干擾的情況下不斷擴增規模，而林區也看出了這一點。

包括⑨擁有利基優勢、⑩生產人們會持續購買的商品、⑪使用科技的公司等，這**些公司的共通點就是競爭者少，且容易提升市場占有率。**

這裡要補充說明的是⑪使用科技的公司。從事技術開發的公司很容易捲入價格競爭，但「引進新技術的公司」則可以透過科技來提升業務效率、刺激營收成長，這類公司就是林區所謂「使用科技的公司」。

前文說過，電腦產業在削價競爭後致使相關公司的股價急跌，但相對的，那些引進更便宜的電腦、並因此提升業務效率的公司卻能因此受益。

類型3：對自家公司有自信

這類個股有以下2個特徵：

⑫公司內部人士買進自家公司的股票。

⑬買回自家庫藏股的公司。

確認公司「實施庫藏股」的方法[4]

在公司網站的「最新消息」中，會以「註銷庫藏股」及「買回庫藏股」等字眼向投資人公告說明。

自己株式の消却に関するお知らせ

当社は、本日、会社法第 178 条の規定に基づき、自己株式を消却することを決定いたしましたので、下記のとおりお知らせいたします。当社は、2021 年 6 月 7 日付「自己株式の取得に係る事項の決定に関するお知らせ（会社法第 459 条第 1 項の規定による定款の定めに基づく自己株式の取得）」にて、自己株式の消却を適宜行う旨をお知らせしており、これに基づき実施するものです。

記

1．消却する株式の種類　　当社普通株式

2．消却する株式の数　　2,228 万 690 株
（消却前の発行済株式の総数に対する割合 約 4.9%）

3．消却予定日　　2021 年 9 月 30 日

出處：東芝

記載公司將買回庫藏股的日期。

⑫所謂的「內部人士」，是指「公司裡的人」。若是連深諳公司業績狀況的員工都在買進自家公司的股票，就不難理解該公司為什麼這麼有自信。

⑬「買回自家庫藏股的公司」，是指由公司出錢，買回在市場上流通的普通股。與⑫相同，實施庫藏股這個行為也被視為是「對自家公司有自信」的表現。

然而，以日本的例子而言，⑫

4 編按：台灣投資人可從「公開資訊觀測站」，查詢公司實施庫藏股相關的資訊。

這個特徵並不全然有效。因為日本公司的員工持股制度依不同公司而異，員工購買自家公司股票的制度或組織，稱為「持股會」（持株会），有的公司可以讓員工自由選擇入會，也有的是半強制員工入會，因此較難判斷「員工持股多＝公司有自信」這一點。

POINT

- 已經受到市場關注的「概念股」，很難成為10倍股。
- 鮮少被外界注意、市占率容易成長，且對自家公司有自信的個股，才是具成長爆發力的股票。

PART

3

壯年期

掌管「麥哲倫基金」時期養成的林區流10倍選股法

林區的格言 Lynch's words

「專業投資人很難買到10倍股，散戶未必會輸給他們。」

——1989年，《彼得林區選股戰略》第2章

站在「消費市場最前線」的散戶

彼得·林區經常掛在嘴邊的一句話，就是「業餘投資人（散戶）比專業投資人[1]更有優勢」。

他的著作《彼得林區選股戰略》，可說是一本具體解說「散戶該如何在股市中表

現得比專業經理人還要好」的書，而本章的標題就出自於那本書。

林區認為，散戶的優勢在於，他們可以在日常生活中自然而然地培養識別消費趨勢的能力，例如「哪些商品值得買」、「哪些商品很暢銷」等等。

基於想撿便宜，或者想買到最新、最流行的商品等心態，散戶會洞悉許多專業經理人不知道的事。按照林區的說法，他們是處於「消費市場最前線」的人，**而這種感應「人氣商品」的雷達，在感應「具成長潛力的股票」時，也會相當有利。**

林區之所以會對「塔可鐘」這間公司留下深刻的印象（請參閱第81頁），就是因為他在加州旅行期間吃到了該公司的產品，由於實在太美味了，因此他認為該公司的業績成長指日可待。

此外，**隨著科技日新月異，「蒐集市場資訊」這件事變得更加容易，這對散戶來說也是一大利多。**

1 意指「機構投資人」，包括壽險公司、產險公司、年金基金等以法人身分操作股票或債券的投資者。

在林區擔任基金經理人後的1970年代末期，像是股價和公司業績變化等這類資訊，只有少數證券公司能夠取得，一般人很難得知股市的最新狀況。然而，在網路普及的今天，這些資訊可說是唾手可得。

機構投資人是如何操作的？

相較於散戶，專業投資人因為背負績效的壓力，因此大多會鎖定那些自家分析師推薦的股票，換句話說，**只有在其他人已經出手，或股價已經有所反應的時候，他們才會出手跟進。**

林區以1969年上市的大型成衣零售商The Limited為例指出，該公司在上市之初完全沒沒無聞，許多分析師甚至根本不知道有這家公司。然而，它的業績持續穩定成長，1979至1983年這段期間，它的股價從50美分上漲至9美元，也就是飆漲了18倍。

當華爾街的分析師們注意到這檔股票時，已經是2年之後的事——各大證券公司紛紛將它列為「值得買進」的推薦個股，主力爭相買進，股價因此被推升至52美元，但顯然此時的股價已呈現「超買」的狀態，這也導致之後的暴跌。

像這樣，如果你買進的是專家口中的「推薦股」的話，當然是很難買到10倍股的。

1977年，林區正式執掌「麥哲倫基金」，接下來，他將用散戶的視角來為這檔基金挑選個股，磨練自己的投資才能。這個時期，林區會講述許多自己如何找到好股票的例子。本書的第三部分將會把這些案例當作範本，帶領讀者深入探究林區的選股術。

1970年代
這個好可愛！是絲襪嗎？
剛好，我的絲襪又破了，正好想買一雙新的……
反正很快又會穿破了，那多買幾雙好了！

數日之後
開門聲
我回來了！
妳回來啦？
這些東西等我放假再去買就好了呀……
沒關係啦——就這麼點東西。
你幫我把這些放進冰箱裡吧！
交給我吧。
咦？

親愛的～這是什麼東西？
這個啊……
這是絲襪啊！
這東西很容易穿破，必須一口氣多買一點。
如果很容易壞的話，那麼到百貨公司或專賣店買品質好一點的不是比較放心嗎？
那些地方賣的東西都是一樣的呀！
可以在採買其他東西時就近在超市買到比較輕鬆嘛。
Hanes牌
他牌
而且跟其他牌子比起來，這個牌子穿起來很舒服，而且不容易破喔，我很喜歡……
原來如此
Hanes牌啊……
因為工作的關係，我對紡織業瞭若指掌，但還是第一次聽到這個名字。

真假？
他們家的商品在超市收銀機旁都有一個很大的陳列區呢！
Hanes公司是一間女性內衣製造商。
為了提升旗下產品的營業額，該公司採取了兩個策略。
第一個策略，就是在超市上架銷售。
該公司針對經常前往超市購物的女性顧客做了一項調查，
結果發現，她們之中有極大比例的人都會選擇在超市購買絲襪。
同時，
她們到百貨公司購物的頻率，平均是6個星期去一次，但她們每個星期卻會去超市兩次……
也就是說，如果在超市陳列絲襪的話，在同樣的時間內，銷售機會將增加至百貨公司的12倍。

至於第二個策略，就是改變商品的包裝設計。
即便是過去曾購買過Hanes商品的女性，
也只有少數人能回答得出這間公司的名字。
因此，該公司重新為旗下商品，設計了一個能讓人印象深刻的包裝，讓消費者更容易記住自家品牌的名稱。
這麼做的目的，是為了增加商品的回購率。
果然——這些以女性為目標的商品還是妳比較清楚……
當然啊！
這兩種行銷策略非常成功，大受女性歡迎，也使得Hanes的絲襪在70年代成為風靡一時的商品。

要知道，那些林區投資成功的公司都有一個共通點。
那就是他所說的——若你問100個基金經理人，其中99個都會有他們各自要買進的個股
然而，專業投資人也有不能買的股票……
這是什麼意思呢!?
林區～你有點古怪呢！

為什麼你這麼愛買小公司的股票呢？
像是前陣子你大買那些公認是夕陽產業公司的股票……
你應該要多買一些處於上升趨勢的個股才對啊！
嗯，那我反問你，
你投資的時候，是以什麼為基準呢？
當然是從候選名單中找出業績好的公司去投資啊！
身為機構投資者，我們是不容許「失敗」發生的……
因此我會回測過去的數據來驗證我的投資。
但是你並不會實際去拜訪那些你投資的公司對吧？
!?

你看！
THE LIMI
The Limited這家連鎖服飾商正快速地成長，目前它已擁有400間店鋪……
這間公司的業績明明這麼好，卻只有兩家機構投資人注意到、把它的股票放進投資組合裡。
另外像我不久前投資的殯葬公司SCI……
它不但基本面的數據非常扎實，而且業績也一路向上成長。
只因為「殯葬服務是個令人搖頭的產業」這種理由，使得大多數華爾街的機構投資人都選擇對它視而不見。
No!!
還有……

即使做出這麼好吃的甜甜圈，卻沒有人在關注鄧肯甜甜圈的股票！
美味
那些人只要吃過這個甜甜圈，我就不相信他們不會想買它的股票……
DUNKIN' DONUTS
就算公司的基本面看起來再好——
僅僅是因為「沒有其他投資人在關注它」就不願意冒險買進！
華爾街的投資專家們在選股的時候，總是過度尋找「不買進」的正當理由。
我覺得這間公司規模太小了……
它缺乏歷史紀錄……
它所屬產業的成長性無法期待……
它的經營團隊能力是未知數……

身為機構投資人，要投資那些沒沒無聞的公司確實需要一些勇氣，
但如果因為害怕失敗而完全不敢出手的話……
依照這種綁手綁腳的投資方式，所謂的「專家」將很難賺到大筆收益！
驚
事實上，
林區發掘的那些公司，它們的股價後來都飛快地飆漲。
The Limited的股價4年成長了18倍。
SCI的股價7年成長了20倍。
THE LIMITED
以及——
鄧肯甜甜圈的股價在9年間成長了25倍！

富達公司的茶水間——
你們聽說了嗎？
以後我們每個星期都要開一次會……
開會？
聽說是為了要交換公司內部的資訊。
雖然開會的內容應該都跟我們在這裡閒聊的話題差不多啦！
富達公司的分析師與基金經理人們，
平常都會聚集在公司茶水間的冰箱前，交換市場及個股相關的情報。
以往這種私下的交流將改成以正式會議的形式來進行。
那麼接下來，
請大家各自用3分鐘的時間，介紹自己推薦的股票吧！
雖然林區被任命為這個會議的主持人，但他心中始終都抱著一個疑問……

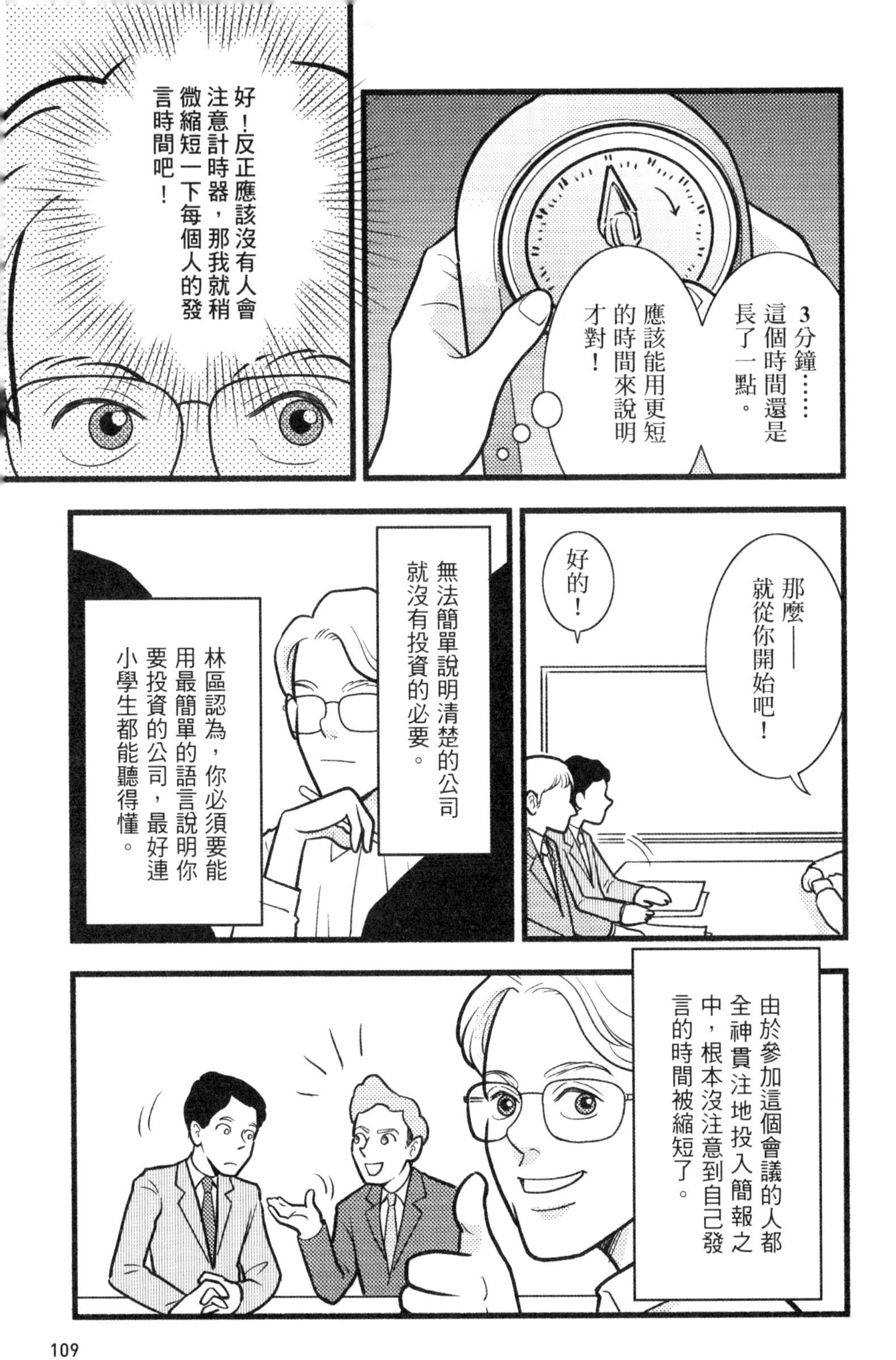
3分鐘……這個時間還是長了一點。
應該能用更短的時間來說明才對！
好！反正應該沒有人會注意計時器，那我就稍微縮短一下每個人的發言時間吧！
那麼——就從你開始吧！
好的！
無法簡單說明清楚的公司就沒有投資的必要。
林區認為，你必須要能用最簡單的語言說明你要投資的公司，最好連小學生都能聽得懂。
由於參加這個會議的人都全神貫注地投入簡報之中，根本沒注意到自己發言的時間被縮短了。

喂喂!?
你是說我們的競爭對手嗎?
這一天,為了打聽飯店業的現況,林區打了一通電話給某間大型飯店的副董事長……
是的沒錯!
我想知道目前業界的動向。
你說的是「拉昆特」這間公司吧!
雖然它是一家連鎖汽車旅館,但它做得有聲有色,營收成長的非常快……
嗯,聽起來有點意思呢。
是啊!
若說它有什麼特別之處,就在於一般的飯店,主要是服務觀光區的旅客、經營一個讓遊客休息放鬆的地方……
但是「拉昆特」還把它的經營觸角,擴展到其他非觀光區的領域。
非觀光區的領域?
沒錯!包括商業區、政府機關所在地,還有工業區等,都是它鎖定的目標。

原來如此！
商務人士會因為工作而造訪許多商業辦公區或是工廠，
那些地方的確也有住宿的「需求」……
非常謝謝您！之後還請您多關照。
哪裡～別客氣！
喀鏘鏘
當時，看見商務人士的需求，把他們當作目標客群的飯店非常少見。
林區認為，這個嶄新的概念具有很大的投資價值。
您好～這裡是拉昆特公司！
無論如何我都要調查清楚才行！
你好！我有一些事想請教貴公司……

啊……！
好厲害！
林區立刻預約了3間不同地點的拉昆特汽車旅館實際入住看看。
這裡各方面的品質若說跟假日飯店※同等級也絕對不為過！
※即Holiday Inn，是當時由業界龍頭United Inn經營的高級飯店。
浴室乾淨又漂亮，床也很好睡……
房間裡的備品很齊全，甚至還有游泳池可以使用！
雖然它捨棄了成本較高的餐廳……
但它也跟其他24小時營業的餐廳合作，就開在旅館旁邊……
真是聰明的做法啊！

但最讓林區興奮的是，當時在拉昆特股票的持股占比中，
機構投資人僅占了20%左右，也就是大多數人都還未發現這檔股票，這讓林區更加躍躍欲試。
於是，在深入調查完這間公司以後，
林區決定把它放進「麥哲倫基金」的投資組合之中。
在那之後，拉昆特的股價在10年內上漲了11倍……
直到產油的各州發生景氣衰退為止。
彼得林區就是這樣找到10倍股的！

壯年期的重要場景❶
IMPORTANT SCENE

日常購物時就能發現有潛力的股票

Hanes公司的銷售策略

在1970年代高速成長的公司，其中之一就是至今仍以成衣製造聞名的Hanes公司。當時，它生產的內衣及T恤廣受消費者喜愛，為了擴展事業版圖，該公司開始針對經常前往超市購物的顧客進行市場調查。

調查的結果發現，許多女性顧客都會在超市內購買絲襪，而且比起百貨公司或專賣店，這些目標客群在超市購買絲襪的頻率更高，因此該公司決定透過「在超市內販

這個好可愛！是絲襪嗎？
剛好，我的絲襪又破了，正好想買一雙新的……

售品質良好的絲襪」這個策略來擴大業績。

當時，並沒有其他競爭對手進駐超市，只要能把夠吸睛的產品陳列出來，就能馬上獲得消費者的關注。基於這樣的考量，Hanes推出一款擁有蛋形外盒包裝的蕾格絲（L'eggs）絲襪，成功擄獲女性族群的心。

在各地試行銷售之後，蕾格絲絲襪一躍成為全美的熱銷商品，因為這項商品的成功，**使得Hanes公司的股價上漲了6倍之多**。

彼得·林區之所以能抓到這波漲勢，完全是拜他的妻子卡洛琳所賜，因為林區居住的波士頓郊區，也是蕾格絲絲襪的試賣點之一，而卡洛琳也買了這項商品。

除非本身就是使用者，否者一般人很難得知某項商品的銷售狀況，以及商品實際使用的體驗如何。但對第一線的消費者卡洛琳而言，她卻能輕易掌握哪一種絲襪現在很流行，或者提出「不容易破損，而且穿起來舒服」這樣的使用者回饋。

藉由這件事讓林區了解到，**要找出10倍股，光靠自己調查公司是不夠的，從生活周遭的人事物得到啟發，或者日常消費的感想也非常重要**。

只看財報的分析師會錯過10倍股

通常男性會對男性商品很了解，但對女性商品就不是那麼熟悉了。

雖然林區曾經負責研究紡織業的公司，對各個公司的財務面及工廠運作情形都很了解，然而那也是僅限於「那家公司在做什麼」的知識。

當身旁的人發現一項吸引人的產品，**這才讓林區聽見了「消費者的聲音」，繼而看見這檔具成長潛力的股票。**

即便已檢視了公司的財報，也不代表你對一間公司瞭若指掌，因為還有「消費者的聲音」尚待驗證。雖然有些公司也會將相關資料納入財報或決算書中，但如果你的親朋好友就是某項商品的愛用者，你就能獲取更真實的資訊。若忽略這些資訊，就很有可能會錯失一檔10倍股。

這個啊……
這是絲襪啊！
這東西很容易穿破，
必須一口氣多買一點。

從日常生活中發現10倍股的線索

觀察那些自己不了解的產業

一般來說，選股的方法不外乎是研究公司財報、檢視股東權益及配息等等，但這些方法很容易限縮投資人的視野，因為你看的往往都是同一個族群的股票。

要打開投資視野有一個簡單的方法，就是像卡洛琳發現「蕾格絲絲襪」這項人氣商品一樣，透過周遭的親朋好友來了解不同產業的動向。此外，近年來網路上的口碑或媒體報導也很重要。

舉例來說，週末跟家人一起去購物就是一個找到好股票的良機。不僅是觀察自己購買的商品而已，連同伴侶或孩子的商品也要一起觀察，久而久之自然能掌握自己不

了解的業界趨勢。

彼得．林區的經驗是，當他帶著家人到商場購物時，他會特別注意孩子最先衝進去的店家。由於同儕的影響，以及「學校的朋友都在用」等因素，小孩子對「現在正在流行什麼」這件事非常敏感，因此跟著他們走準沒錯。

如果有機會跟家人朋友們去購物，請你務必積極主動地跟上，找出某項商品為什麼這麼受歡迎的原因。

暢銷排行榜上的商品在紅什麼？

從網路或報章雜誌上的暢銷排行榜去研究當紅的產品及公司，也是一個選股的好方法。

像是「露營用品暢銷排行」或「性價比最高的人氣家電排行」等，許多商品都有各自領域的暢銷排行榜，你可以從中找出人氣急速竄升的商品製造商。

不過，有兩點必須特別注意。

第一點就是，這些熱門商品顯然受到眾人關注一段時間了，對股票投資來說，進場的時間可能已經太遲了。

那些賣出數十萬個商品的公司，就跟前文所述的「概念股」一樣，股價很可能已經漲上來了。

此外，不同的媒體從計算到發表排行榜的資訊都需要時間。例如，假設某雜誌是每年3月發表年度暢銷商品的排行榜，那麼從去年4月就開始熱銷的A商品，一直要到今年3月才會榜上有名，距離它最初的熱銷期已過了將近1年的時間。

不過，**對追蹤相關產業及公司最新動向**這一點來說，「掌握熱銷商品」依然很重要。在觀察熱銷排行榜的同時，投資人也能掌握「哪個時期會推出哪種商品」及「擁有哪種功能的商品最受市場青睞」等情報。

至於第2點要注意的是，網路上的某些暢銷商品排行榜，很可能是採用廣告業配或聯盟行銷[2]的形式，因此可信度較低。

為了盡量降低這類風險，建議要選擇**客觀、公信力高、以「介紹好商品」為出發點的雜誌或網站平台瀏覽相關資訊**。

以日本來說，像是日經新聞社及日經BP經營的「MONO TRENDY」，就是

掌握當紅暢銷商品的途徑

MONO TRENDY

不僅是介紹商品，這個網站對當前成長中的公司或受到矚目的商業模式也有詳盡的報導。
(https://style.nikkei.com/monotrendy/)

可供參考的雜誌／網站

MONO TRENDY
（由日本經濟新聞、日經BP經營）
介紹家電、日用品及食品等新商品或新服務的網站。

MONOQLO
（晉遊舍）
介紹露營、家電等相關商品的雜誌。該公司還經營一個商品評價網站「360.line」。

DIME
（小學館）
以商務人士為目標讀者的雜誌，內容涵蓋工作、投資等相關主題。

一個以商務人士為對象，專門介紹好用、便利的商務用品的媒體。另外還有像是晉遊舍發行的雜誌書《MONOQLO》，則可以看到各種日常生活用品的實際使用評鑑。

像這些由媒體發布的商品排行榜，亦是一個投資人在選股時可以藉此了解消費市場的參考途徑。

2 網站的經營者在自家平台上介紹商品，當網友透過連結實際購買該項商品之後，該網站便可收取佣金的一種行銷機制。

從自己能理解「收益結構」的公司開始

當然，想通盤了解那些自己不熟悉的產業是不可能的事。

關鍵在於要保持在「自己能掌握的範圍之內」，藉此觸類旁通地去了解其他產業。如果一開始就貿然深入那些自己不懂的公司，甚至想拆解其複雜的收益結構，不僅是白白浪費時間，還有可能在錯誤的認知下進行研究。

如果是從小孩子身上得知「最近當紅的玩具廠商」，那麼要掌握該公司的成長路徑就會相對容易。但如果你不懂ＩＴ產業是怎麼賺錢的，而突然有人告訴你最近ＤＸ（Digital Transformation，數位轉型）備受矚目，那麼就算你有投資的興趣，也很難進行相關的研究。

如果你對一間公司的背景一無所知，即便加以研究，也很難判斷它是否真的具備成長潛力，這麼一來，投資很容易淪為賭博。因此，我們必須把**一間公司是否擁有「人人都看得懂的獲利模式」**納入選股時的判斷基準之一。

關於這一點，林區強調，最好選擇那些「任何白痴都能經營」的公司。比方說製作與銷售甜甜圈、興建飯店提供住宿服務，或者開設在郊區的超市等，這類公司的獲

從公司的業務內容，思考「它是如何獲利的」案例

以數位化轉型(DX)概念股為例	業務內容（收益結構）
ITbook Holdings（1447）	主要為政府機構及民間企業，提供AI應用、遠距工作及資訊安全對策等支援來賺取收益。
YE DIGITAL（2354）	客戶以製造業為主，提供以AI預防機器設備故障，以及判定不良製品的服務來賺取收益。
電算（3640）	主要為地方公共團體，提供住民資訊系統、福利系統等來賺取收益。
Cyber Links（3683）	主要為物流業者，提供POS資訊處理，以及為行政部門提供通訊系統等來賺取收益。

必須選擇從公司業務內容到
收益結構（該如何發展才能增加獲利）
都能全盤掌握的個股。

利模式都非常地明確，投資人很容易追蹤它們的動向——只要出現「食物的味道變差了」、「飯店的服務品質下降了」這樣的實際感受，你就能輕易地預測它接下來的股價會下跌。相反的，如果在維持品質的同時又能進一步擴大事業規模，那麼它的股價就上漲可期。

POINT

- **日常購物時，別忘了觀察當下的流行趨勢，聽聽親朋好友的看法，將這些觀察轉換成選股時的參考。**
- **把那些「人人都看得懂其獲利模式」的公司納入你的觀察名單中。**

壯年期的
重要場景❷
IMPORTANT SCENE

到汽車旅館住一晚，找到10倍飆股

先問過「競爭對手」後再投資

正如本書的第二部分所述（請參閱第88頁），彼得·林區偏愛那些「市占率容易成長」的公司，同樣的，他對餐飲及飯店業的的股票也情有獨鍾。

餐廳或飯店不會發生「競爭對手一夜之間突然增加100家分店」的情況，營收因為競爭因素而急速下滑的可能性不大。此外，就算出現強勢的競爭對手，你也可以輕易地轉換持股。

為了獲取業界的情報，林區打了一通電話給當時經營假日飯店的聯合旅館公司（United Inns）副董事長。當他詢問對方「最近飯店是否出現競爭對手」時，得到的答案是「有一家名為拉昆特汽車旅館（La Quinta Motor Inn）的生意很好，幾乎快要超越我們了」。

投資前，親自體驗一間公司的產品或服務

「是什麼樣的汽車旅館，業績可以超越大型連鎖飯店集團呢？」這讓林區備感好奇，於是他立刻致電給拉昆特的總公司，約好要跟負責人面談。

林區從那場面談中得知，拉昆特的經營理念是**「以更划算的價位，提供與假日飯店同一等級的住宿設施與服務」**。

而能實現這個經營理念的策略就是：捨棄舉辦婚禮的場地、會議室、接待區，以及廚房與餐廳等這些維護成本很高、但對獲利貢獻不大的空間。

特別是餐廳，因為餐廳在其他飯店或汽車旅館中往往是最容易虧損的部門，相對的，它選擇與其他業者合作，在自家旅館旁引進24小時營業的餐廳，藉此削減成本。

此外，它還透過減少客房數，以及把旅館興建工程發包給集團內的其他公司，這些做法也讓它成功地控管成本。

「區別目標客群」也是拉昆特的策略之一，其他汽車旅館多半鎖定家庭與商務客，但拉昆特則聚焦於「年輕的商務人士」上，並且把旅館設立在交通方便的地點。

當林區注意到拉昆特的時候，**該公司的年成長率高達50%，但股價卻相當便宜**。在得知它未來的大幅擴點計畫之後，林區便默默地預測該公司的股價發展。

當時推薦拉昆特股票的證券公司只有3家，且機構投資人的持股比率在20%以下，這對林區來說也是一大利多。

但即便如此，**林區依然沒有忽略實地調查，也就是「親自去體驗拉昆特汽車旅館的服務」**。某些情況是，即便一家公司各方面看起來都很棒，但實際體驗它的商品或服務之後，卻可以看見截然不同的差勁面向，這樣的話無論經營策略有多好，長期來說業績也無法提升。

林區總共投宿了3間位於不同地點的拉昆特汽車旅館，調查的結果證實，該公司各方面的品質都與假日飯店不相上下，但費用卻相當低廉。

確信該公司極具成長潛力的林區，把拉昆特的股票放進基金的投資組合之中，在1970年代末期的10年之間，獲得了11倍的收益。

選股時先花2分鐘自問自答

按照「6大股票類型」進行2分鐘自問自答

①緩慢成長股	・公司配發的股息有增加嗎？
②穩健成長股	・現在的股價偏低嗎？ ・公司有成長潛力嗎？
③資產股	・公司有多少資產？
④快速成長股	・公司的成長可以維持多少年？
⑤景氣循環股	・公司有在削減成本嗎？ ・公司擅長的業務有成長嗎？
⑥轉機股	・該產業的景氣如何？ ・主力產品的成長是否有停滯的問題？

從自己了解的公司或產業開始

當你發現一檔有潛力的股票後，接下來要做的就是分析它成長的可能性，或者找出可能會推動它成長的要素。一般來說，公司會致力維持及改善獲利，而了解公司所做的努力，藉此驗證它未來發展的潛力，林區把這個過程稱為「建構故事」。

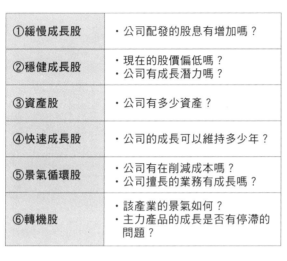

只要你對一間公司或一個產業的了解夠深入，你就能建構出有效且具體的故事。在建構故事時，林區建議要針對公司吸引你的魅力、成長性及弱點等，進行2分鐘的自問自答，如果你能明確回答這些問題，就代表你已經做好要投資的準備了。而這個「2分鐘自問自答」，是按照本書第一部分介紹的「6大股票類型」來進行的。

每種類型的股票都有不同的提問點

①緩慢成長股

這類股票的提問重點在於「公司配發的股息有增加嗎」。在公司有賺錢的情形下，自然會把一部分的盈餘用股利的形式回饋給股東，而股利增加與否也與公司的業績好壞息息相關。

如果這個提問的答案是：「在過去10年裡，公司的營收持續成長，股息殖利率也很理想，股息從未減少甚至是不配息，無論景氣好壞，股息都持續增加。而且，它正在著手籌劃○○新事業，有可能會大幅提升它未來的成長性。」像這樣的答案，就代表它是一個合格的投資標的。

①緩慢成長股：以每年穩定配息著稱的個股

個股名稱	連續配息年數	股息殖利率
花王（4452）	31年	2.18%
SPK（7466）	23年	2.90%
三菱HC Capital（8593）	22年	4.51%
小林製藥（4967）	21年	0.93%
USS（4732）	21年	3.16%
RICOH LEASING（8566）	21年	3.12%
Trancom（9058）	20年	1.53%

※截至2021年10月1日的數據

新冠疫情大流行期間依然未中斷配息
＝可視為是業績穩健的公司

②穩健成長股

這類股票可能已經漲上去了，投資人可以選擇等股價回檔時再進場，或者以相對高的價格買進，然後耐心等待它進一步成長。

因此，衡量股價偏低與否的「本益比」及加上每股盈餘（EPS）成長性的「本益成長比」就變得很重要。此外，公司的財務和銷售狀況會對成長性造成很大的影響，因此也必須特別注意。如果這個提問的答案是：「過去2年，股價雖然穩定上漲，但本益比並不高，顯示它的股價相對便宜。」或者「它把對○○公司

③資產股：如何計算公司的資產價值？

確認有價證券報告書中的「租賃等不動產關係」欄

（單位：百萬日圓）

			前合併會計年度（自 2019年4月1日 至 2020年3月31日）	當合併會計年度（自 2020年4月1日 至 2021年3月31日）
租賃等不動產	合併借貸對照表計列額	初盈餘	3,373,448	3,415,981
		期中增減	42,532	289,550
		期末盈餘	3,415,981	3,705,532
	期末市值		6,330,950	6,873,990

除以已發行的公司股數（約4億7,600萬），就能得知每股土地的市值約為1萬4400圓。

「期末市值」就是公司持有的土地市值。

的持股賣出了一半，且開發了一款熱賣商品」、「它收購許多下游的經銷商，改善了銷售體系，因此可以預期它的獲利成長……」如果能得到像這樣的答案是最理想的。

③資產股

這類股票的提問重點在於「公司有多少資產」及「資產值多少錢」。如果這個提問的答案是：「雖然公司股價是800圓，但光是它擁有的不動產，就有每股1100圓的價值，這代表股價還有300圓的上漲空間……」這就是值得投資的公司。

④快速成長股

這類股票的提問重點在於「公司在某個領域能以現在的速度成長到何種程度」。

如果這個提問的答案是：「公司不僅在它所在的地區成功，也攻下○○地區的版圖，而且營收逐季遞增。它的債務不多，而且所處的是低成長產業，未來它計畫花更多時間去開拓這個市場……」像這樣就是一個很棒的答案。

⑤景氣循環股

這類股票必須先釐清它目前是處於業績下滑或業績上升的時期，因此提問的重點必須聚焦在景氣、庫存及銷售等變化。

如果這個提問的答案是：「雖然這個產業過去幾年一直處於衰退狀態，但從○○的出貨量來看，業績已有回溫的跡象。隨著新產品的熱銷，公司也關閉那些效益不彰的工廠來削減成本，因此獲利提升是可以期待的……」像這樣的答案就能找到公司由黑翻紅的線索。

⑥轉機股

這類股票的提問重點在於「公司是否積極地改善業績」，以及「它提升業績的做法是否有效」。如果這個提問的答案是：「公司已經把績效不彰的部門賣掉，將資金投入更有前景的事業中，並強化它擅長的領域，例如○○部門的市占率已經從原本的7％擴大到25％……」像這樣的答案或許就是理想的轉機股。

以上就是針對不同股票類型所做的自問自答，以及可能會出現的推論。林區在投資拉昆特汽車旅館之前，就是運用這個方法來「建構故事」，最終成功抓到一檔翻漲11倍的股票。

POINT

- 針對一檔股票的魅力、成長性及弱點，快速自問自答。
- 按照「6大股票類型」，找出個別應該關注的重點。

投資像「甜甜圈店」這類小型成長股

幸運的4年練兵期

1977年，彼得·林區正式出任「麥哲倫基金」的經理人。

在林區執掌基金之前，股市持續低迷，許多基金的績效都很難看，麥哲倫基金也不例外，當時這檔基金是處於停止銷售[3]的狀態。

麥哲倫基金再次公開銷售已是1981年的事，而這4年間，林區就操作這檔未公開募集的基金。

即使做出這麼好吃的甜甜圈，卻沒有人在關注鄧肯甜甜圈的股票！
DUNKIN' DONUTS

然而，這4年的空窗期對林區來說卻無比幸運，因為這段期間他投資的許多個股都失敗了，但由於基金停止銷售的緣故，這些失敗並未引發外界的關注，而他也可以藉著試錯去驗證自己的選股策略。

此外，**麥哲倫基金並沒有特定的選股風格，這讓林區可以較自由的買賣股票**，這一點也對林區在驗證自己的投資時非常有利。

舉例來說，當基金經理人必須按照基金的屬性來管理持股時，就會面臨像是「只能將成長率15%以上的公司納入成分股」或「只能納入新興小型股」等操作限制。相對的，麥哲倫基金就沒有這樣的問題，林區可以自由地買進自己有興趣的股票，藉此驗證自己的想法。

從麥哲倫基金的成分股數量就能看出林區是怎麼試錯的。在林區執掌這檔基金之前，麥哲倫基金持有40檔股票，但在林區執掌的半年之後，它的成分股已增加至

3 意指基金暫停新申購交易。當一檔基金募資的業績不佳，或募資的業績突然暴增，都有可能採取這個停止銷售的措施。

100檔。

一直到1990年林區退休為止，反覆新增／汰除成分股的結果，使得曾經納入該基金持股的個股數量高達1．5萬檔。

林區職業生涯中大賺的個股

前文說過，林區把股票區分為6大類型，而在他投資的股票中，幫助麥哲倫基金成功擴大資產規模的最大功臣，就是鄧肯甜甜圈（Dunkin Donuts）[4]，以及沃爾瑪（Walmart）[5]等這類「快速成長股」。

林區曾多次在他的著作及媒體採訪中提及這兩檔股票，其重要性可見一斑。其中，前者是販售甜甜圈、鬆餅等速食的連鎖店，它的海外分店不僅遍布如加拿大、德國等歐美國家，在韓國、菲律賓等亞洲國家也都有拓展分店。

而沃爾瑪是一個家族企業，1962年由山姆．沃爾頓（Sam Walton）在阿肯色州創立第一家百貨店。透過提供廣泛的商品種類，以及在競爭對手較少的郊區展店，沃爾瑪不斷擴大事業規模，在1970至1980年代快速成長。

林區強調，事實上，比起機構投資人，一般散戶更容易發現像鄧肯甜甜圈和沃爾瑪這樣的10倍股。

為什麼是散戶而不是專業投資人呢？接下來的內容，將會解說未埋首於投資世界、視野相對寬廣的散戶，他們所擁有的獨特優勢。

4 全球知名的甜甜圈連鎖店之一，1950年創立於美國波士頓，2019年改名為Dunkin，至今在世界各地擁有超過1萬家分店。

5 全球最大的零售商，2014至2020年，連續10年被《財星》雜誌評選為全球500大企業的第一名。

投資小型成長股更能發揮散戶的優勢

散戶沒有專業投資人的績效包袱

正如本書先前所述，機構投資人由於害怕失敗、擔心績效不佳會面臨客訴或解約等情況，因此大多會選擇持有較「安全」的個股。基金經理人也會受到諸多選股限制，例如不得涉足那些看不出成長潛力的特定產業股票，或者為了避免公司被收購的風險，對單一公司的持股比例不能操過基金規模的５％等等諸如此類的限制。

相對的，**業餘投資者就沒有這樣的限制**。就算買進的股票賠錢了，頂多被伴侶或家人罵一頓，不用承受被客戶解約而影響自己前途的壓力，也沒有投資金額上限等綁手綁腳的限制。

業餘投資者的2大優勢

1. 身為消費者的市場知識

「什麼商品正熱賣」之類的情報，透過消費者的眼光所得到的知識。

2. 從自己工作中獲得的專業知識

包括自己公司所屬產業的動向，或對手公司的成長狀況等知識。

這兩種視角，
就是專業投資人缺乏而業餘投資者特有的強項！

散戶可以從不同角度觀察市場

散戶的另一大優勢，就是他們可以比專業投資人更早察覺有成長潛力的股票。這是因為散戶可以獲得「身為消費者的市場知識」及「從自己工作中獲得的專業知識」這兩種類型的知識。

前者是站在「消費最前線」觀察哪些公司的產品受歡迎、有哪些競爭對手等這方面的知識。那些自己愛用的商品或服務，就像前文提及的「蕾格絲絲襪」一樣，有可能會讓一間公司的股價水漲船高。

而後者所謂「從工作上得到的專業知識」，是指你可以從自身從事的工作中得知產業及競爭公司的現況，例如「從這個月開始，我們公司和競爭對手的業績同時暴增」或「跟去年同期相比，今年的庫存水位高出許多，成長可能會放緩」等等，從第一線感受整體產業的變化。

即便是專業投資人，也不可能有這麼多的精力和時間去掌握所有產業的動向，就算能知道個大概，也很難察覺細微的變化。但對那些本身就在某個產業工作的人來說，他們只是像平常一樣的工作，就能夠獲取相關的訊息——這正是散戶的優勢所在。

在投資「景氣循環股」時，這些專業知識特別有用。所謂的「景氣循環股」，就是公司業績會受到景氣等因素影響，股價隨之上下起伏的個股，包括汽車、航空、輪胎、鋼鐵及化學等產業即屬此類。

投資這類個股的時候，必須看清楚公司業績會上升或下降的時機，如果是能更貼近掌握產業整體動向的散戶，就能更輕鬆地去考慮「業績差不多該上揚了，或許應該買進這類股票」。

散戶靈活運用工作專業知識的方法

理想的例子

發現每年同一個時期，對手公司的業績都會上升。

○ →

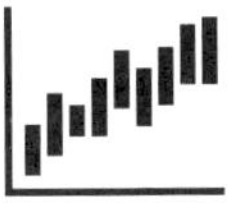

運用這個知識買進該公司的股票。

不該做的例子

利用職務之便取得尚未對外公開的內部消息。

× →

以這些資訊進行股票買賣即俗稱的「內線交易」，是違法的行為。

把焦點放在同業公司的股票

要注意的是，運用這類專業知識買進自家公司的股票時，必須小心不得觸及「內線交易」的法規。所謂內線交易，就是指「掌握公司內部消息的相關人士[6]利用職務之便，在消息對外公開前進行股票買賣」。在日本，違反內線交易的法規將處5年以下有期徒刑，或是500萬日圓以下的易科罰金。

6 上市公司的董事或與公司有合約關係，或是正在與公司交涉中的廠商客戶。有權閱覽帳簿或擁有權限可批准業務的人等都屬之。

舉例來說，像是「公司業績增加20倍」這種對外公開前的決算情報（＝股價會上漲的題材），掌握消息的內部人士若利用此「知識」提前買進自家公司的股票，就屬於違法的內線交易行為，除非消息已經公開，否則千萬不要這麼做。[7]

只不過，由於買進自家公司的股票很多時候是沒有辦法立刻賣出的，**因此散戶應該把這些專業知識運用在交易其他同業公司的股票，這才是最理想的做法**。

確認自己是「哪一種類型的投資人」

散戶要發揮上述的優勢，首先要確定「自己是什麼樣的投資人」。如果沒有確定以下2點，資產大幅減少，或是錯過10倍股的可能性就會提高。

第1點是「資金」問題。散戶由於是用自己的錢去投資，賠錢會直接讓自己的資產縮水。因此，「假設這些錢歸零了，我的生活也不會出問題」用這些錢投資就是鐵律。這是保護自有資產的基本做法，林區非常強調這一點。

第2點是「投資期間」的問題。就算曾經持有很會漲的個股，但若想著「3天後就要實現獲利」而短線進出的話，就無法瞄準10倍股。

散戶確認自己投資方式時的要點

1 可用於投資的資金有多少

使用「就算賠光了，生活也不會出問題」的閒錢投資是鐵律！就算再怎麼績優的股票，股價也有下跌的可能，因此嚴禁使用生活所需的錢去投資。

2 要進行投資的時間有多長

持有5年左右的中、長期投資是鐵律！雖然也有「就算公司業績好，股價也漲不動」的情況，但只要不短進短出，耐心等待就不會錯過股價上漲的機會。

基本上，長期投資才真正有利可圖。即使是景氣循環股，若公司努力追求獲利成長，在業績上下波動的同時股價也會持續漲上去。中長線的投資是林區之所以成功的關鍵因素。

次頁的圖表整理了日本股市部分股價漲到10倍以上的個股。雖然這取決於各公司的經營狀況，但你會發現，**只要持有這些股票10年左右，股價就有可能會上漲到數百倍。**其中也

7 編按：根據台灣的證交法，內線交易者將面臨3年以上，10年以下的有期徒刑，以及新臺幣1000萬以上，2億元以下的罰金。若犯罪所得超過1億元，還會加重其刑。

以日股為例：股價漲了10倍以上的個股

個股名稱	①最低點	②最高點	①與②的倍數	①到②的年數
RareJob（6096）	200圓 2018年12月	3,145圓 2019年12月	約16倍	1年
Lasertec（6920）	130圓 2012年7月	29,650圓 2021年9月	約228倍	9年
Dip（2379）	30圓 2011年3月	4,440圓 2021年9月	約148倍	10年
MonotaRO（3064）	7圓 2008年1月	3,470圓 2021年2月	約496倍	13年
神戶物產（3038）	25圓 2008年10月	4,660圓 2021年9月	約186倍	13年

有罕見1年就達成10倍股的標的。

為了顯示長期投資比短期投資更有利，可觀察GMO Payment Gateway這檔股票的線圖。2019年4月股價曾漲至9080圓的高點，但同年7月卻下殺至6690圓，跌了2390圓之多。光看這裡會覺得損失很大。然而，之後它的股價反覆震盪盤堅上漲，到了2021年2月已**來到1萬6480圓的巔峰**。

林區說，成為10倍股的鄧肯甜甜圈及沃爾瑪，都是「以消費者的知識」就能充分發現的個股。

利用「身為消費者的知識」及

拉長投資期間等待股價上漲

GMO Payment Gateway（3769）的案例

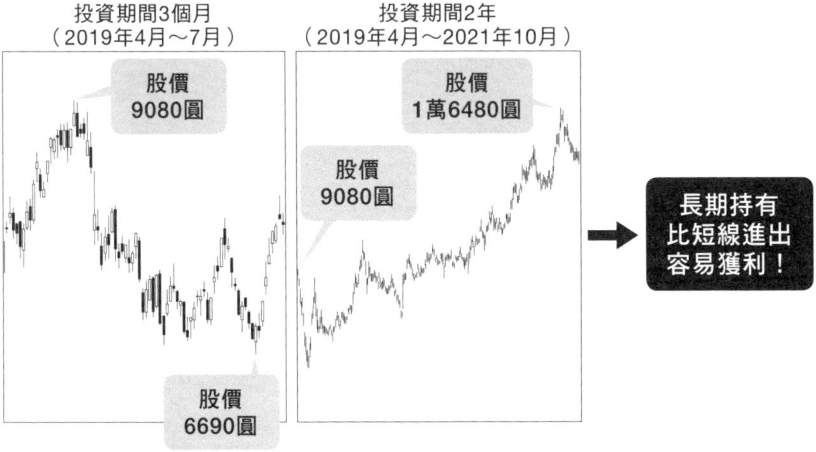
投資期間3個月
（2019年4月～7月）
股價
9080圓
股價
6690圓
投資期間2年
（2019年4月～2021年10月）
股價
1萬6480圓
股價
9080圓
長期持有
比短線進出
容易獲利！

「工作上得到的知識」這兩個優勢去發掘受矚目的個股，之後檢視其為「6大股票類型」中的哪一種，再去建構故事就可以了。特別是「目前為止都沒聽過，但最近這間公司很受歡迎」的情況，就有很大的機率成為一檔快速成長股。

POINT

- 發揮身為散戶的2大優勢。
- 要達成10倍股最短也要1年的時間，最長則是10年。

用90秒說明你要投資的股票

從3分鐘縮短到90秒的簡報

在彼得．林區所屬的富達投資，基金經理人習慣在休息時間聚集在茶水間的冰箱前，聊聊彼此關注的個股。原本這只是同事之間的閒聊，但為了能讓更多同事共享這些有價值的資訊，後來就改為正式會議的形式，每週固定舉行。

在這場會議中，與會者要把當週推薦的個股，或是要將之放進自己投資組合的個股，用3分鐘的時間對其進行簡報。

好！反正應該沒有人會注意計時器，那我就稍微縮短一下每個人的發言時間吧！

林區雖然是這場會議的主持人，但是他巧妙地慢慢把每個人的簡報時間縮短。專注在簡報上的同事沒有人發現自己發言的時間被縮短了，原本3分鐘的報告時間最後縮短到只剩90秒。

為什麼林區要這麼做呢？

因為他認為，「如果不能簡潔的說明，就不能稱為對該公司的股票有充分的了解」。如果能理解一檔股票訴求的重點，就應該能做出「讓小學生也能聽得懂」的簡潔說明。

相反的，越是沒能掌握到要點，就會說明得越久。重視對一檔股票的理解，這是很「林區流」的思考方式。

一次追蹤900檔股票的動向

截至1983年中為止，被納入「麥哲倫基金」的個股約有450檔，但同一年的秋天之後，卻增加到900檔之譜。由於在那場會議中必須說明基金成分股的狀況，因此林區經常開玩笑說，他不得不把每檔個股的簡報時間控制在90秒內。

事實上，這麼龐大的個股數量的簡報內容一定是經過濃縮的，儘管如此，林區依然和助理分工合作，努力追蹤所有成分股的動向。光是追蹤數量驚人的個股，他每個星期就得為此工作60到80小時。

嚴禁評論別人選的股票

在這場會議中，**為了不損及發言者的自信，因此禁止其他成員發表感想及意見。**會議中徹底做到純粹的「資訊交換」，是否要買進某某股票則交由與會者各自去判斷。

如果發言者判斷「會上漲」的個股，卻被大家嘲笑「那種股票才不可能漲」，那麼下次他可能就完全閉口不談了。即便好不容易找到極可能會成為10倍股的標的，若發言者的自信受到影響，就會變得很難啟齒。

華爾街經常會採用口才好的人的意見，但相對的，**這個禁止發表感想的規則，能讓不擅長表達的人也可以充分發表自己的創見。**

事實上，林區自己會考慮作為標的的個股，就經常受到許多人的批評。例如辦公室相當簡陋的「塔可鐘」、公司名稱平凡無奇的「皇冠製罐」，這些都是幾乎沒有基金經理人及分析師會去追蹤的股票。

像這樣的個股也能有彈性的納入基金之中，採取這種態度的並不是只有林區，整個富達公司也是如此。

以90秒為基準，歸納買進一檔股票的理由

如何實踐
彼得林區10倍+選股術？

聚焦買進與賣出的理由

前面我們已經說明過「不要投資那些你不理解其收益結構的股票」及「要投資那些能活用你本身知識的股票」，這裡我們要進一步說明，你對一檔股票的了解「必須掌握到什麼程度」，判斷的基準又在哪裡。

就如同彼得．林區在公司主持的個股分享會一樣，「你能否能在90秒內，簡單扼要地說明一檔股票值得投資的理由」就是一個很重要的基準。

首先，如果你無法簡單的向他人說明一檔股票的訴求點，就證明你自己也不知道為什麼要買進那檔股票。如果不把想法說出來，只是在自己的腦子裡思考的話，很有

林區選股時的順序

① 找出有潛力的股票
運用散戶的知識，或者從生活周遭的人事物尋找靈感。
→ 參照第138頁

② 深入研究一檔股票
它符合6大股票類型中的哪一類？用公司業績及本益比、本益成長比、實地調查等方式來確定。
→ 參照第40頁 參照第74頁

③ 建構故事
思考它將來的成長性，以及公司是否正為了實現這個成長性而努力。
→ 參照第128頁

④ 總結一檔股票的要點
用90秒的時間，說明一檔股票值得買進的理由。
→ 參照本節的解說

可能會無視那些負面資訊、編造出一個「自己想看到」的買進理由。

如果是這樣的狀態，那麼你買進的理由就不夠充分。此外，如果長篇大論的說明，就表示你無法將要點濃縮出來。用控制在90秒以內的方法，可以有效的聚焦你買進的理由。

選股時要傳達一個「好故事」

那麼，在這短短的90秒之中，究竟要說明什麼內容才好呢？

公司的事業內容、新產品（新服務）的銷售狀況、公司整體的業績、成長率、本益比、負債金額……任何資訊都很重要，**但最重要的，是要以自己架構出來的「故事」為核心**。

為了說明這個「故事」的具體內容，這裡我們用無印良品（7453）的咖哩調理包這項人氣商品為例，思考簡報的建構方式。

你的太太說「因為很好吃」所以大量採購了無印良品的咖哩。第二週，朋友又向你推薦「無印良品的咖哩很好吃」。甚至，打開電視就看到正在播出「哪種無印良品的咖哩口味最收歡迎」的節目特輯。到這裡為止，是前述所謂的「活用消費者知識」狀態。

此時，你便去調查該公司的咖哩調理包，發現它是1年賣出400萬包的暢銷商品。並且，該公司的營收每年都有8至12%左右的成長，符合「穩健成長股」的特徵。穩健成長股的故事要點，就是股價是否偏低、有沒有成長性，而該公司宣布的計畫是「目標是在2030年達到營業額3兆圓、營業利益4500億圓」，所以它的成長性值得期待——大概是這樣的狀況。

大致的流程就是：**①整理你會注意到這檔個股的開端、②提及業績等判斷材料、③描繪公司的成長故事，這3點**。

公司整體營收占比的計算方法

如果想了解個別商品、服務的營收	如果想了解個別部門的營收
（受矚目的商品營收 ／ 總營收）✕ 100	（受矚目的部門營收 ／ 總營收）✕ 100

↓

若占整體營收的10%以下影響不大，30%以上則值得期待！

由於這完全只是「簡報方法的範例」，並不保證「良品計畫」（無印良品）這間公司實際上的成長。但在將這樣的內容用90秒的時間簡潔說明之後，「故事」就會完整進入自己的大腦，代表你已經充分地驗證這間公司。

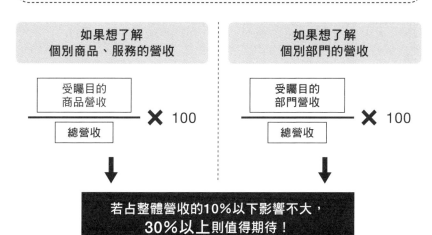

這個例子活用了消費者眼光的知識，相反的，就算是覺得「最近好像很受歡迎呢」的商品，但也有其實它占公司整體營收的比例很少，對股價的上漲並不會產生影響的情況。

例如，假設「良品計畫」的有價證券報告書上只寫著「食品事業的營收占整體營收的3％」。而食品事業中咖哩調理包的營收所占的比例有限，因此可以判斷這項商品對公司整體的影響很小。

一般來說，若占整體營收的10％以下，對公司的影響就會很小，可說不需要期待太大。但如果有30％左右，則可視為對整體營收有充分的影響。

像這樣，用90秒的時間把故事整理出來後，可以使你對所關注的商品或服務，包含是否為業績主力等資訊在內，有更深一層的理解。

重點是要能用「自己的話」說出來

此處，是否能獲得他人的贊同並不重要。因為投資的手法因人而異，重點完全在於「能不能用自己的話說明清楚」。在富達投資的會議上也是，禁止提出意見或感想，也是因為有可能被其他人的意見帶偏。為了讓「資訊交換會議」這一面的功能得以發揮，因此禁止對與會者發表的資訊提出意見或感想，至於是否採用發表者的點子就交給大家各自決定。

在實行這個簡報的時候也一樣，應該事前先告知聽取簡報的人禁止發表意見或感

用90秒說明一間公司值得投資的要點

①說明公司的商品／服務	**⑤該公司的本益比是幾倍？**
你關注的商品或服務為何？	計算方式請參照第79頁。
②關注它的契機	**⑥實地調查的結果**
為什麼會注意到該商品或服務？	從消費者角度看到的人氣程度與成長性。
③占公司整體營收的比例	**⑦有疑慮的要點**
該商品或服務對營收有多少貢獻？	負債額、服務品質、對手的動向等。
④該公司的成長率是多少？	**⑧公司成長空間的要點**
計算方式請參照第43頁。	公司中期、長期計畫的概要等。

想。如果他人的意見一直留在你的腦海裡，就會誤導你的正確判斷。

實踐90秒的選股簡報

為了實踐林區的選股法，上表整理了進行這項簡報的要點。包括在日常生活中察覺的問題、之所以認為將來可能會暢銷的原因，以及補充這些想法的數據等，都可以透過這張表格來做檢討和回顧。

在使用這張表格的時候，沒有必要把所有項目都填滿，只要把自己認為重要的項目填進去即可。

不過，世界上並不存在「完全不

確認主要疑慮的方法

負債金額

➡ 看資產負債表

（単位：百万円）

	前連結会計年度（2020年２月29日）	当連結会計年度（2020年８月31日）
負債の部		
流動負債		
買掛金	28,133	19,507
短期借入金	4,200	4,482
1年内返済予定の長期借入金	–	360
未払金	9,250	9,323
未払費用	5,450	5,389
未払法人税等	2,631	1,536
賞与引当金	1,334	964
リース債務	7,431	7,253
役員賞与引当金	38	0
ポイント引当金	231	198
リース解約債務	–	3,220
その他	4,345	3,686
流動負債合計	63,048	55,923
固定負債		
長期借入金	873	71,963

檢視「負債」的部分，釐清有疑慮的地方。

・有價證券報告書
　➡可了解公司整年度的資訊
・財務報表、公司季報
　➡可了解公司每一季的資訊

品質與評價

➡ 實地調查

（例）購買商品使用、接受服務、傾聽其他使用者的心聲等等。

對手的動向

➡ 查看新聞或社群網站

要是業績上升、評價變好，網路上就會開始有人提起公司的名字。

需要擔心的股票」或「百分之百會成為10倍股的股票」。因此，值得憂慮的點要盡量弄清楚。如果你的憂慮逐漸化為現實，你就必須盡早退出市場（請參照上圖）。

POINT

・①關注一檔股票的起因、②包括公司業績等的判斷材料、③公司成長的故事，把這3點用90秒整理出來。
・對一檔股票有疑慮的地方，務必要全部弄清楚。

PART

4

全盛期

從失敗中學到的交易技巧及最強武器轉機股

林區的格言
Lynch's words

「雖然有人說
我這麼做太瘋狂了，
但我並沒有因此而退縮。」

——1993年，《彼得林區：征服股海》第5章

業績衰退的克萊斯勒汽車

1982年，彼得．林區把汽車大廠「克萊斯勒」納入基金的投資組合中，本章的標題就是後來他回顧這件事時所說的話。

克萊斯勒是擁有超過50年歷史的汽車製造商，旗下有多個汽車品牌，在美國，它

與福特、GM（通用）齊名，被稱為汽車產業的三巨頭。

然而，克萊斯勒在1970年陷入經營危機。雖然試著設法重建，但因為**1980年代汽車產業整體走向衰退，於是開始傳出「克萊斯勒瀕臨倒閉」的消息。**

當時的克萊斯勒，在林區的個股分類中被歸為「轉機股」。這類型的股票必須看清楚它的業績究竟會起死回生，還是就此一蹶不振、直接倒閉，是操作難度很高的股票類型。

林區雖然也把福特及VOLVO等「景氣循環股」同時納入投資組合，但是他想藉由投資克萊斯勒，更進一步獲取重大利益。

由於林區是站在基金經理人的立場，從客戶手中取得資金進行投資，因此將瀕臨倒閉的克萊斯勒納入基金的投資組合這點，會讓他面臨失去客戶的風險。如果該公司真的就這樣倒閉，那麼**投資克萊斯勒的錢就會歸零**。就因為存在這種風險，許多機構投資人都不敢碰克萊斯勒的股票。

然而，看了克萊斯勒財務報表的林區，認為該公司擁有的資產很充足，並不會立即倒閉，況且政府也已對它伸出援手，由這些因素看來，他相信克萊斯勒的業績會恢復至以往的水準。

雖然林區身邊的人都阻止他，大聲疾呼「克萊斯勒很危險」、「克萊斯勒很快就會倒閉」，但林區無視這些勸告，甚至還增加持股的比率。

不要被其他投資人的話迷惑

林區常說，別人說的話會留在你的腦海，混淆你對投資的判斷。林區所說「被別人的話混淆」的例子就是華納通訊[1]，**不過克萊斯勒這件事他就選擇無視他人的聲音，貫徹自己的信念**。

自1982年春天開始，林區把克萊斯勒放進自己的投資組合中，同年7月底，克萊斯勒在其投資組合中所占的比率，已來到5％的上限了。因持有部位極大，所以克萊斯勒對基金的績效影響遠超過其他股票，同一年的年底，麥哲倫基金的資產為4億5000萬美元。

結果，克萊斯勒的股價用5年時間上漲了15倍，對麥哲倫基金的資產規模擴增貢獻良多。林區後來回憶說：「任何人只要看過克萊斯勒的財報，都能預料到這間公司會從谷底翻身。」

1 1977年5月，林區執掌麥哲倫基金不久，發現極具成長潛力的華納通訊公司（Warner Communication）股票，當時該公司的經營惡化，但林區看好它的基本面，以每股26美元的價位買進，但他聽信了一位技術分析專家的建議，在股價漲至38美元時賣出部位，後來該公司的股價一路上漲至180美元。

彼得‧林區所做的投資，皆是持股數年至數十年的中、長線投資。
然而，由於他追蹤的股票實在太多了，有時也會因為對新的公司產生興趣，
繼而拋售先前所看好的其他公司股票。
由於這種情況不斷發生，因此這個時期的他，除了成功的經驗之外，累積更多的還有……
○○公司股價快速飆漲！
像是「賣出後股價漲到300倍」的痛苦經驗。

此外——就算再怎麼深思熟慮的思考進場投資的時機，
在實際操作時，林區也經常會被周圍的聲音迷惑。
您辛苦了！
辛苦啦！
最近「華納」的情況怎麼樣了呢？
華納的股價一直往上走喔！現在已經漲到26美元左右了。
只是…漲得有一點過頭，我認為它的股價已經超漲了，
或許差不多已經到「該賣出的時候」了。
是嗎……
才剛買進華納股票不久的林區，開始覺得有點不安。
嗯……股價太高了嗎？

某一天……
華納的現在的股價怎麼樣了？
另一天……
什麼時候會開始向下反轉呢？
咦
驚
再另一天
現在該賣出了嗎……？
嗯……
半年後
你說什麼!?
華納的股價已經漲到32美元了！
先前他說26美元是「超漲」，現在居然還漲到32美元……
這樣一來，華納現在的股價豈不就是「漲過頭」的狀態？
我再看一次財報確認一下吧。
雖然不是非常有自信，但林區曾多次檢視華納這檔股票的基本面。
在股價來到26美元時，他做出了「繼續持有也沒問題」的判斷。
但是當華納的股價上漲至38美元的時候，在沒有明確理由的情況下，他突然把這檔股票放進了「賣出」的名單中……

在那之後——
華納的股價一路漲到180美元!?
如果我當時沒有急著賣掉的話……
這個時候……林區才感到後悔莫及。
你別那麼沮喪嘛林區先生！
無論是誰，都會有看錯賣出時機的時候啊！
但是……我居然會錯過這檔好不容易才找到的好股票！
這就像是拔起了鮮花，轉而去灌溉一堆雜草的感覺……
後來，在林區撰寫的暢銷書《彼得林區選股戰略》中，
他坦率而幽默的消遣自己過去投資失敗的經歷。

在那本書中，他用「拔起鮮花卻灌溉雜草」這個形容，
來描述他更換投資組合時失敗的故事。
而林區所寫的那段文字，後來被某個人物注意到了——
某天晚上
爸爸～有個人說要找你！
哦！找我？是誰呢？
那個——是巴菲特先生！
什麼…？
是那個「股神」打來的嗎？妳是不是電視看太多了！
是真的啦……你趕快來接電話！
喂～你好！
晚安！我是——

我是華倫·巴菲特……
不好意思～冒昧打電話給你，因為我有一件事情想拜託林區先生——
結果，這通電話真的是巴菲特打來的。原來，巴菲特在林區的書中，看到了那段「花與雜草」的比喻……
他想要在波克夏·海瑟威公司的年度報告書中，引用林區的這句話。
當～當然可以！能被您引用是我的榮幸！
太好了，非常謝謝你！
因為自己投資失敗的經歷，居然換來巴菲特的一通電話，這讓林區大為驚訝。
關於股票的「賣出時機」，並沒有任何公式可以計算，許多人都對此感到很困惑。林區也分析自己的經驗……
為什麼？
★因為這是轉機股
★因為這是景氣循環股
他指出，為了避免誤拔鮮花，首先就是要釐清自己「為什麼會買進那檔謎之股」，這是非常重要的關鍵。

1982年
Ford
今天——真是太感謝你了！
真是不虛此行！我聽到很多值得參考的事……
哪裡的話。
最近我們汽車產業的成長停滯，這個時候還有投資專家來拜訪，也讓我安心多了……
如果你還有想了解的事，隨時歡迎您再來。
當時，美國的汽車銷售額跌入了谷底。
林區認為這是一個絕佳的投資機會，因為越是不景氣的時候，就越能用便宜的價格買進股票。
於是，他注意到了福特汽車，因而親自登門拜訪。
但是——

嗯~福特是一檔有成長潛力的股票，問題是它能不能成為10倍股呢……
汽車對生活在美國的人來說，是一項不可或缺的產品……只要汽車產業的業績回溫，它的股價勢必會上漲。
唰
唰
但是我總覺得似乎錯過了更好的個股，像是……
對了！不是還有那檔股票嗎！

林區先生……！
聽說您買進克萊斯勒的股票，這是真的嗎!?
是啊！我在調查汽車製造商的時候，突然想起還有這間公司。
想起這間公司……
大家都在傳，那間公司已經快不行了，破產是早晚的事！

近期——全美國的汽車產業整體業績都在下滑，
3850$
4000$
克萊斯勒也不例外，公司虧損連連……
您知道克萊斯勒這間公司總共背了多少債務嗎!?
哦，它的債務總額嗎？我當然知道啊。
那您看過克萊斯勒的債務項目了嗎？
啪
你先仔細看看他們的財務報表吧！

克萊斯勒把他們的戰車製造業務賣出去後，獲得超過10億美元的現金。
現在，他們就是用那筆錢，還有政府提供的貸款在經營公司，
再加上，銀行也不可能放任這間公司立即倒閉。
假設……就算它未來真的倒閉好了，
從現在開始算，它至少還能夠再撐個2到3年。
雖然現在媒體把這個新聞炒得很大，
但是汽車是生活必需品，換句話說，汽車產業是一個「不會消失的產業」！
雖然現在受到景氣影響，產業呈現衰退狀況，但隨著時間過去，很快就會反轉向上了。

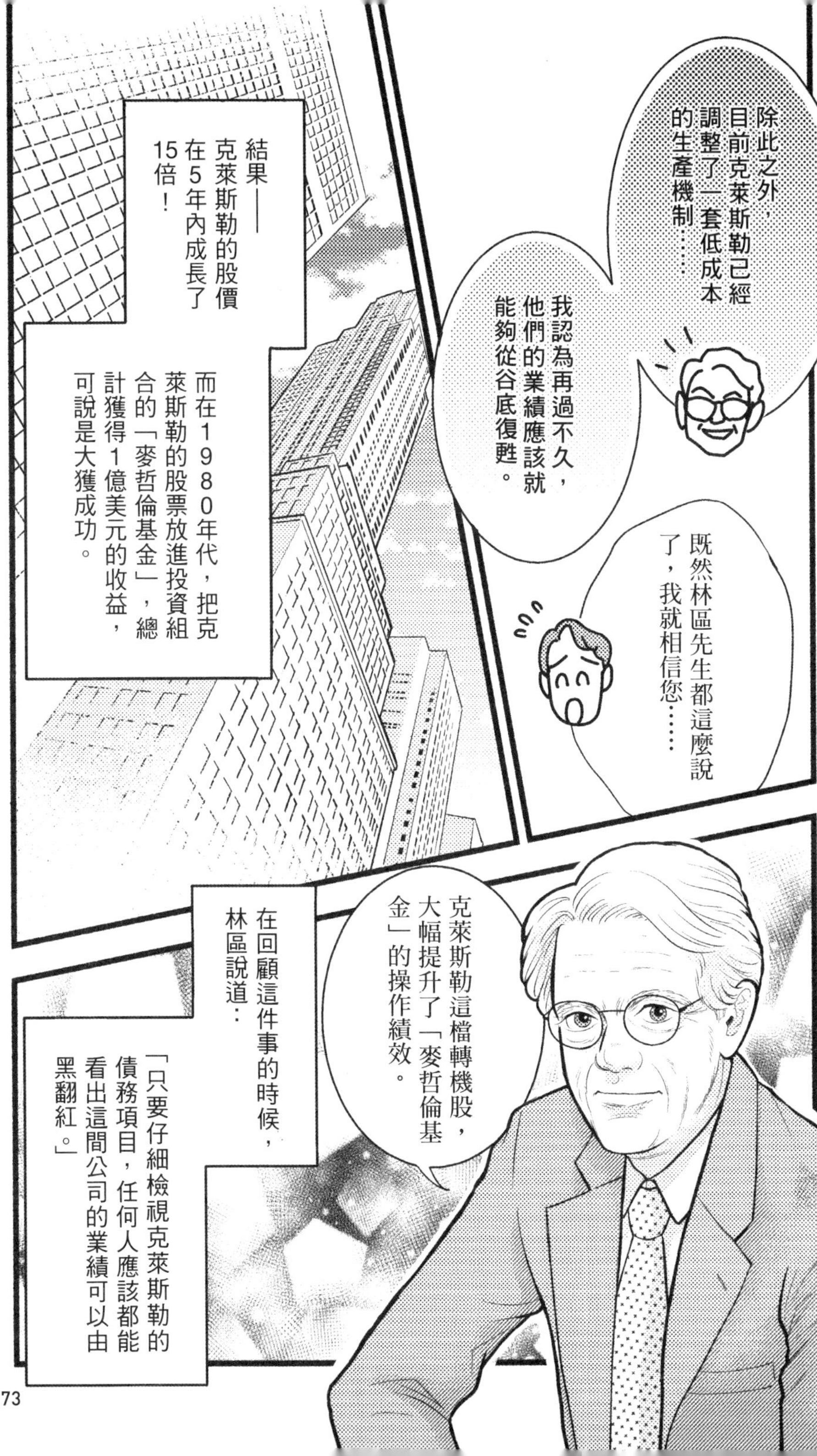
除此之外，目前克萊斯勒已經調整了一套低成本的生產機制……
我認為再過不久，他們的業績應該就能夠從谷底復甦。
既然林區先生都這麼說了，我就相信您……
結果——克萊斯勒的股價在5年內成長了15倍！
而在1980年代，把克萊斯勒的股票放進投資組合的「麥哲倫基金」，總計獲得1億美元的收益，可說是大獲成功。
克萊斯勒這檔轉機股，大幅提升了「麥哲倫基金」的操作績效。
在回顧這件事的時候，林區說道：
「只要仔細檢視克萊斯勒的債務項目，任何人應該都能看出這間公司的業績可以由黑翻紅。」

連巴菲特也佩服的「鮮花與雜草論」

對喜歡的股票心猿意馬

彼得林區曾用「拔掉鮮花，灌溉雜草」（Cutting the flowers and watering the weeds）這句話來比喻失敗的買賣時機。所謂的「鮮花」，指的是賣出後卻漲上去的個股，而「雜草」則是指那些會下跌的個股。

在麥哲倫基金的操作中，林區不斷嘗試把許多個股都納入投資組合，往往今天發現了一檔有潛力的股票，第二天又發現一檔似乎更有潛力的股票，好股票似乎永遠也

不好意思～冒昧打電話給你，因為我有一件事情想拜託林區先生——

買不完。然而問題是，由於手上管理的資金有限，有時發現一檔心儀的個股，他就不得不忍痛賣掉其他持股。

還有，基金經理人每年都必須撰寫報告書向客戶說明交易狀況。為了讓客戶明白這種頻繁交易的情況有其道理，例如用「賣出某某股價上漲的景氣循環股，轉而買進某某預估它營收及獲利會成長的個股……」來交代，但對林區來說，這個報告書每年都是令他頭痛的難題。

那些不小心錯失的「快速成長股」

當林區回顧過去的基金報告書、重新檢視那些被他放掉的個股時，發現有很多股票後來都有大幅的成長。

其中最令他感到痛心、曾錯失的股票包括：目前在美國開設了2000多家分店的食品超市艾伯森（Albertsons）、以倉儲型超市為特色的Pak'n Save、1980至1990年代快速成長的玩具反斗城、製作許多賣座電影的華納（Warner Communications，即現在的Warner Media），以及提供物流服務的聯邦快遞（Federal

Express，即現在的Fedex）等等。

特別是艾伯森超市及玩具反斗城，這兩檔股票後來都搖身一變成為股價暴漲300倍的「快速成長股」。

林區在他的著作裡，不只提到自己的成功，還會幽默地言及自己的失敗。用「鮮花和雜草」來比喻自己失誤的那段話，就充滿了林區的個人風格。

一通來自股神巴菲特的電話

就連被譽為「股神」的巴菲特，也在自家的波克夏．海瑟威公司的年度報告書中，引用了林區「鮮花和雜草」的這段話。

某天晚上，人在家中的林區接到了巴菲特的來電，巴菲特詢問林區是否能讓他引用這個比喻。那位以「股神」聞名、擁有優越洞察力與巧妙文筆的巴菲特親自來電，讓林區非常興奮，當下應允。

1989年，波克夏．海瑟威的年度報告書中寫道：

「我們（波克夏）與那些在公司狀況良好時急著賣股變現，而在公司狀況惡劣時卻緊抱持股的人正好相反。彼得・林區就曾用『拔掉鮮花，灌溉雜草』這樣的妙喻，來說明那些人的行為。」

投資6大潛力股時的最佳買賣時機

就算是專業投資人也會失誤

大家經常說，相較於「買進」的時機，投資股票更難的是判斷「賣出」的時機。因為經常會發生就算股價已漲得比買進價高了，但正當煩惱著究竟要不要賣出的時候，股價又下跌了，原本的獲利就這麼飛了。

「這檔股票現在該買進嗎」、「該趁這個機會賣出嗎」……就算是專業投資人也會有這樣的煩惱。

曾經錯失許多潛力股的彼得．林區，根據他的經驗，按照前文所述的6大股票類型，總結出一套判斷最佳買賣時機的方法，能有效降低失敗率。其原則就是「先弄清楚投資一檔股票的理由是什麼，然後再買進」，以及「一旦那個支持你買進的理由消失了，就可以賣出持股」。

本書的第三部分，已解說過買進股票時「建構故事」的方法，接下來，將根據林區提出的「買進股票前的最終檢查」這點，以及賣出時機的原則，按照6大股票類型分別進行解說。

①「緩慢成長股」的買賣要點

由於不能期待「緩慢成長股」的股價能大幅上漲，因此必須以賺股息的目的去買進。有沒有配息、有沒有定期增加配息，就是判斷是否要買進這類股票的重點（請參閱第129頁）。

此外，**要注意的是公司在景氣惡化時是否也會支付股息**。「配息率」就是用來計算公司從獲得的純益當中拿出多少比例來配息的指標。數字大的話就表示會付出較多股息、是很大方的個股，但另一方面，也表示不景氣時一旦沒有餘裕，該公司很可能就會中斷配息。

①緩慢成長股的買賣基準：配息率

配息率

$$\frac{\text{每股股利}}{\text{每股盈餘}} \times 100$$

配息率以%來表示。配息率為0%就是沒有配息，100%就表示公司把盈餘全部拿出來配息。

瞄準 **配息率不會太高的個股**

配息率高就很難儲存保留盈餘[2]，當不景氣時，公司就有可能減少配息。

至於配息率低的公司，由於保留了這部分的盈餘，因此當面臨不景氣時也會較有能力維持配發股息的政策。**若有配息金額高，且配息率又低的個股，就是一個值得買進的訊號。**

而這類股票的賣出的時機，就是關注公司是否「因業績下滑而導致配息減少」。例如缺乏新產品、削減研發支出、市占率減少等情況超過2年以上的話，就有可能會減少配息。

②「穩健成長股」的買賣要點

第130頁已解說過買進這類股票前的2個思考點：「用本益比衡量

股價是否偏低」，以及「用本益成長比思考公司是否能維持成長性」。除此之外，還有2個要點可以作為買進時的判斷。

第1個要點，就是「公司是如何度過前一次不景氣時刻的」。

舉例來說，宜得利（9843）就曾預測到經濟衰退，並搶先採取行動。從2000年代初期開始，該公司的董事長就察覺到美國的房地產價格不斷在上漲，他預測「這個現象遲早會崩潰」，於是開始為未來做準備。

2008年初，他將持有的外國債券全部賣出以保住現金。同年5月，宜得利發布了「降價宣言」，實施旗下1000種商品的折扣，結果業績超乎預期的好。即便同年9月發生雷曼兄弟破產的全球金融風暴[3]，宜得利依然能透過定期降價的措施來確保營收。

2 指在扣除人事費用及稅金等費用後，將剩餘的利益保留在公司內部。狹義的定義就是指資產負債表中的保留盈餘。

3 2008年9月，美國第四大投資銀行雷曼兄弟由於受到次級房貸風暴波及而聲請破產，旋即產生骨牌效應，引發全球金融海嘯。

至於第2個要點，就是檢視公司最近幾年的對外收購紀錄。很多時候，為了追求事業的**「多角化經營」，公司會陷入錯誤的經營狀態**。

這裡指的多角化經營，是指公司為了擴大事業版圖而收購其他公司。因為從零開始建立新的部門、重新雇用數百人規模的員工是很困難的事，相對的，收購其他公司，將它納入子公司來擴大事業版圖就簡單多了。例如，經營「すき家」等外食連鎖店的Zensho Holdings（7550），過去就曾收購Coco's Japan、NakaU、Jolly-Pasta等餐飲品牌，這讓它成為與日本麥當勞並駕齊驅的大型企業。

然而，也有因為胡亂進行多角化經營後，發生「收購價格過高」、「收購後陷入經營困難」、「因為收購自己不熟悉領域的公司而使事業發展不如預期」之類的狀況，陷入經營惡化的窘境。

如果無法解決這樣的課題，最終就會以低於收購價格的便宜金額把子公司賣掉。林區稱此為「多元惡化」（diworsification）。由於多元惡化是公司業績下滑的主要原因，**因此有必要調查公司最近幾年是否收購了某些公司、花了多少錢，以及未來是否還有收購公司的計畫**。

②買賣「穩健成長股」的2大要點

①因應不景氣的方式

出所：東洋ONLINE

可以透過經營者受訪的新聞資料來確認。

②多角化經營的成敗

公司的對外收購消息可以在網路上找到公開資訊。

出處：日本經濟新聞

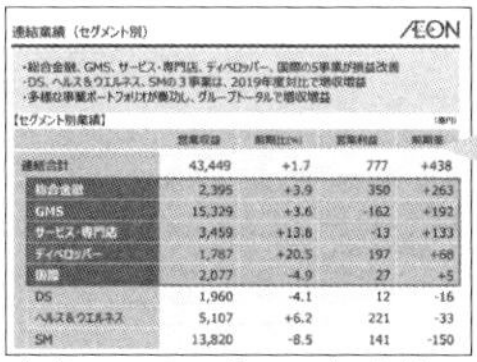

連結業績（セグメント別）

AEON

・総合金融、GMS、サービス・専門店、ディベロッパー、国際の5事業が損益改善
・DS、ヘルス&ウエルネス、SMの3事業は、2019年度対比で増収増益
・多様な事業ポートフォリオが奏功し、グループトータルで増収増益

【セグメント別業績】

	営業収益	前期比(%)	営業利益	前期差
連結合計	43,449	+1.7	777	+438
総合金融	2,395	+3.9	350	+263
GMS	15,329	+3.6	-162	+192
サービス・専門店	3,459	+13.8	-13	+133
ディベロッパー	1,787	+20.5	197	+68
国際	2,077	-4.9	27	+5
DS	1,960	-4.1	12	-16
ヘルス&ウエルネス	5,107	+6.2	221	-33
SM	13,820	-8.5	141	-150

收購後的狀況可以透過財報上的部門別業績來確認。

出處：AEON「2021年度第2季決算説明會資料」

而這類股票的賣出時機，就是曾經是「買進依據」的本益比變高的時候，或是公司新產品評價不怎麼樣的時候。

此外，對「穩健成長股」來說，「在股價上漲25至30%的時候獲利了結，轉換到另一檔績優股」反覆執行這個策略就能帶來可觀的獲利。儘管林區在操作「快速成長股」的換股時曾經失敗過，但他的這個「穩健成長股」換股策略是成功的。

③「景氣循環股」的買賣要點

前述「穩健成長股」的買進訊

③「景氣循環股」與本益比的關係

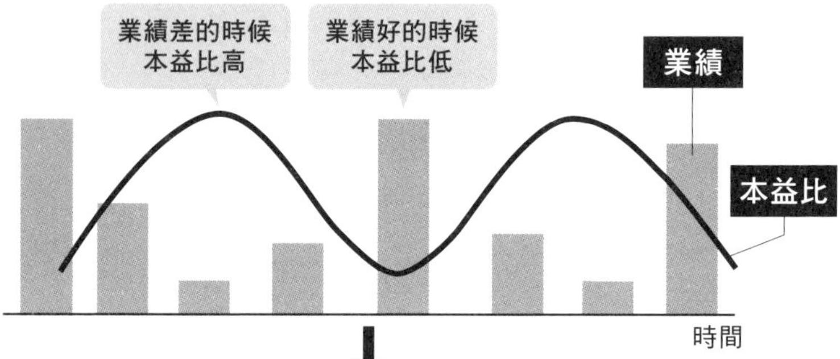
業績差的時候
本益比高
業績好的時候
本益比低
業績
本益比
時間

屬於「景氣循環股」的公司，由於業績會上下起伏，即便在業績好（本益比低）的時候，**之後業績變差的可能性也會很高。**

號，是看本益比有多低（＝股價偏低的個股），但「景氣循環股」則恰好相反。

當「景氣循環股」的業績接近高峰的時候，許多投資人就會預料它即將進入業績下滑的時期，進而拋售持股，導致股價下跌。隨著股價下跌，它的本益比理所當然的也會變低，要是這個時候誤以為它的股價很便宜，而沒看到它的業績即將下滑的話，就很容易買在股價的高點。

由此看來，就「景氣循環股」來說，低本益比是下行趨勢的訊號（＝賣出的訊號），而不是股價偏低的

「買進的訊號」。

此外，如果有新公司加入同一個市場，業績就容易滑落。競爭一旦開始，任何公司被逼得不得不以低價提供商品，就成為公司收益下降的原因。此外，還有成本大幅增加、庫存難以處理的因素存在。

④「快速成長股」的買賣要點

買進「快速成長股」之前，最後一個檢查項目是確認「該公司的成長速度是否過快」。一般來說，20至25%左右的成長率是合理的，但如果高於這個成長率的話，就要思考該公司是否野心太大，急於擴張事業，最後卻陷入難以為繼、找不到伸展空間的可能性。

此外，如果是擁有店鋪的事業，可以從展店數去推測。「去年新設5家店、今年新設8家店」，像這樣的程度若能順利地擴大規模，這檔個股就更值得期待。相對的，若展店數突然之間激增的話，就會有難以為繼的可能性。反之，新設店鋪若減少了，也有可能是公司成長停滯的跡象。

而這類股票的賣出的時機，也可以透過公司的成長速度來判斷。若有不再展店、不再開發新產品，或新產品的銷售情況下滑等狀況，即可研判為公司成長停滯，這就是「賣出的訊號」。林區在他的著作中也有提到，若公司最近一季的財報中「店鋪營收減少3％」，就是賣出訊號的具體範例。

⑤「轉機股」的買賣要點

第133頁已介紹了「轉機股」的買進要點，這裡則要特別說明賣出要點的部分。

「轉機股」是在公司瀕臨破產邊緣時買進，有業績回升後股價上漲的「甜頭」存在。**一旦公司順利突破經營難關、業績恢復的話，就不再是「轉機股」了。**例如若是汽車類股，在業績回升後就會轉為原本的「景氣循環股」，因此就可以循著「景氣循環股」的買賣要點去找賣點。

另一方面，也要考慮到如果公司業績無法順利恢復，當「原本已有減少傾向的債務再度開始增加」、「庫存開始增加」、「仰賴特定客戶，而該客戶本身也有營收停滯問題」等狀況出現時，就要考慮賣出持股了。

⑥「資產股」的買賣要點

這類股票的重點，在於它究竟擁有多少資產與負債。就算資產很多，負債如果超過資產，股價的上漲就無法期待。這和第48頁解說過的「轉機股」特徵很類似。

此外，要使股價迅速拉抬，就必須有「收購資產股的公司或基金」出現。只要收購的主力一出現，股價就會開始漲上去，因此在判斷收購成敗與否的同時，也要一面尋找股價飆升時的賣出時機。

POINT

- **釐清「買進一檔股票的根據」後，再做買進。**
- **賣出的時機，就是當買進時的根據（故事、數字）消失的時候。**

買進瀕臨破產邊緣的克萊斯勒股票

讓「麥哲倫基金」規模倍增的汽車股

1980年代中期，使「麥哲倫基金」管理的資產規模產生重大變化的，就是以「克萊斯勒」為首的汽車股。

當時，美國的汽車銷售狀況十分低迷，汽車與卡車的銷售數量在1977年時為1540萬輛，但是在1982年已大幅減少至1050萬輛。

然而，**林區認為像這樣不景氣的時候，正是買進股票的時機**。趁著股價便宜時買

進，接著就是等待日後公司營收成長的時刻即可。

當時，他注意到的是福特及Volvo等個股，但是後來他發現了「克萊斯勒」這間公司。該公司與其他汽車股比起來，業績下滑得更多，而且還背著巨額的債務，大家都說它即將面臨破產邊緣了。

然而，林區在對克萊斯勒做了進一步調查之後，發現他們正努力地進行變革。

包括賣掉戰車等軍需部門，使手上的現金增加了超過10億美元，為了削減成本還關閉部分的工廠等，透過這些手段大力的調整公司體質。

此外，美國政府甚至還為克萊斯勒提供了債務擔保[4]，確保它短期之內不會破產，因此那些盛傳該公司會倒閉的流言都是誇大不實的，至少在未來幾年，克萊斯勒絕無破產的可能。

自1982年以來，林區把克萊斯勒、福特、Volvo這些公司的股票都納入

4 當債務人（借款者）無法償還借款時，代替他履行債務。

了「麥哲倫基金」的投資組合之中，並藉此創出超過1億美元的收益。其中，股價上漲最多的就是克萊斯勒。

林區投資克萊斯勒，用5年的時間獲得了15倍的成果。然而，那些比林區買在更低點、賣在更高點的投資人甚至獲利了32倍之多，由此可知，克萊斯勒業績回復後的股價有多麼驚人。

上電視推薦克萊斯勒的股票

在林區開始把克萊斯勒納入基金成分股的1982年秋天，他上了一個名為「華爾街週報」的電視節目。那是一個以投資和經濟為主題，在當時相當受歡迎的節目。

第一次上電視的林區，雖然緊張，但面對主持人的提問也是有問必答，在推薦股票的時候，林區舉了克萊斯勒的例子。另一方面，他也表明對當時人氣正旺的科技股沒有太大的興趣（不懂電腦的林區，根據他不投資自己不了解其「收益結構」股票的原則，所以他並未涉足科技股，請參照第122頁），這也讓他被觀眾視為是一個「跟不上時代的人」。

因為上了電視節目，使得林區執掌的「麥哲倫基金」受到大眾矚目，基金的客戶也因此增加了。在上電視前一年的基金資產是1億美元，但是**上了電視的幾個月後，基金資產已膨脹到4億5000萬美元**。

在那之後，以克萊斯勒為首的汽車股大幅成長，林區的基金獲得了大筆收益，許多投資人也因此獲利滿滿。

發掘出10倍股的財報閱讀法

把重點放在「資產負債表」

目前為止，本書已多次強調，像克萊斯勒這樣的「轉機股」，選股的重點就在於它「有多少債務」，以及它「是否持有超過負債的資產（現金）」，所以**一定要確認財報上的數字**。同時，「有沒有資產」這一點跟「資產股」的要點很類似，林區也會注意像這樣儲存了許多資產的「有錢」個股。

一般來說，財報上的資料以「資產負債表」、「損益表」、「現金流量表」等這財務三表最為有名，但本節要透過克萊斯勒的例子，集中討論「轉機股」與「資產股」這兩大類型股的「資產負債表閱讀法」。

財務三表的名稱與概要

損益表

統整公司的收益及費用、獲得多少利潤的報表。

現金流量表

統整錢從哪裡流入公司，又花到哪裡去的報表。

資產負債表

統整公司所有的資產、負債，以及淨資產的報表。

請見本節的解說！

資產負債表是顯示公司財務狀況的報表，記載內容大致可以分為左右兩邊。左側是現金及有價證券、不動產等公司的資產。右側則是公司的債務與淨資產的資訊。債務是必須償還的，而淨資產則是由股東出資的錢、配息或分紅後剩餘的錢等不需要支付出去的錢組成的。

掌握公司的負債金額

資產主要有兩種類型，一種是可以在1年之內轉換為現金的「流動資產」，以及需要1年以上才能轉換為現金的「固定資產」。流動資產包括

資產負債表上的「資產」與「負債」

資產	負債
流動資產 ● 現金存款 ● 應收帳款……等	流動負債 ● 應付帳款 ● 應付票據
固定資產 ● 建築物 ● 土地……等	固定負債 ● 借入款 ● 與員工退休金相關的負債
無形的固定資產[5]	**淨資產**
投資及其他資產 ● 公司投資的有價證券……等	股東資本 ● 公司資本 ● 資本盈餘
遞延資產[6] ● 開辦費……等	評價換算差異……等

流動資產：1年內可以轉換成現金的資產。包括現金或有價證券、應收帳款等

固定資產：得花1年以上才能變現的資產。像是機械設備等也包含在內

流動負債：必須在1年內償還的負債。包括短期借款或應付帳款等

固定負債：1年之後才要償還的負債。包括公司債等

※左側的資產與右側的負債必然相等。

公司所持的現金及有價證券等，固定資產則包括土地、建築物及設備等。

同樣的，債務也分為必須在1年內償還的「流動負債」，以及超過1年之後才需要償還的「固定負債」。

流動負債是指從金融機構取得的短期借款，這類債務由於還款期限短，因此短期債務多的公司，破產的風險就會升高。相對的，手中現金多的公司，破產的風險較低，正如林區所說：「只要現金及存款多於流動負債，你就可以忽視那些債務。」

固定負債的代表就是公司債。這是由公司發行的債券，從發行到償還

大約有5至10年左右的時間。雖然公司債不會對公司財務造成立即的影響，但如果發行太多公司債，日後也可能會出現問題。

那麼，固定負債的多寡該用什麼基準來判斷呢？根據林區的看法，可以從固定負債與公司資本的比率來判斷。

林區的想法是，**若股東資本75%、固定負債25%的話，就可說是健全的財務**。例如，股東資本若有500萬，那麼固定負債金額在125萬以內就是安全的。

這裡舉一個近期的例子來說明。次頁的上圖，是任天堂（7974）在2021年8月發布的財務報告的一部分。任天堂雖然不是「轉機股」或「景氣循環股」，但是固定負債與股東資本相較之下，固定負債的比率被控制在2%，如此就可知道該公司的財務很健全。另一方面，Pepper Food Service（3053）在2021年8月發布的財務報告中，固定負債約為33億圓，股東資本約為26億圓。也就是說，負債大於

5 意指長期下來能帶來收益，但沒有具體形式的資產。例如專利權、設計權等智慧財產，以及商譽等。
6 意指不能全部計入當年損益，而應在後續年度攤銷的支出，例如公司在正式營運前的各項支出，即「開辦費」。

任天堂（7974）：資產負債表上的固定負債與股東資本

（單位：百萬日圓）

出處：任天堂「2022年3月期第一季財務報告」

負債部分	
流動負債	
●應付票據及應付帳款	147,195
⋮	⋮
流動負債合計	1,848,880
固定負債	
●退休金給付的相關負債	21,413
●其他	25,506
固定負債合計	46,920
淨資產部份	
股東資本	
●公司資本	10,065
⋮	⋮
股東資本合計	1,786,350

這是固定負債

這是股東資本

固定負債的比例約為2.6%

負債相當少，代表公司財務很健全

資本，這就屬於是不健全的財務。

在檢視「轉機股」的資產負債表時，就必須著眼於該公司的負債金額是否有逐年遞減等改善的狀況。林區投資的克萊斯勒雖然負債金額很高，但是它的現金及存款也很充裕，且背後有政府的支持，因此林區才做出了該公司沒有立即破產風險的判斷。

接下來，要說明的是解讀公司資產的方法。

掌握公司有多少「積蓄」

就算公司的資產多，但固定資產要變現也需要時間。因此林區關注的是「公司隨時可以動用的錢」。這種具備高自由度的資金，在會計上通常指的是淨現金流。

即使手上有很多資金，但這些資金幾乎都是借來的錢，那麼就不能說是健全的財務狀況。簡單來說，**「淨現金流」是呈現公司持有現金多寡的一個指標，這個金額越大，就代表越是有「積蓄」的健全狀態**。

財報中雖然沒有「淨現金」這個項目，但是從資產負債表的「現金、現金存款」、「有價證券」合計後減去「有息負債」（有利息的債務）就可以簡單計算出來。此外，在〈公司四季報〉中，將現金流量欄裡的「約當現金」扣掉財務欄中的「有息負債」的金額也可以得知。

再者，**這個淨現金，可以視為是公司所持有的「公司價值」**。企業的價值有兩種，一是「已經擁有的價值」，二是「未來將產生的價值（＝利潤）」，而淨現金是公司目前所擁有的價值，因此屬於前者。

當然，公司的價值越高，投資人就越容易給予它好評價。如果一間公司擁有充沛的淨現金，且從事的是更具吸引力的產業，再加上它「未來將產生的價值」，就是我

尋找「淨現金」多的公司

淨現金 ＝ 現金、現金存款 ＋ 有價證券 － 有息負債

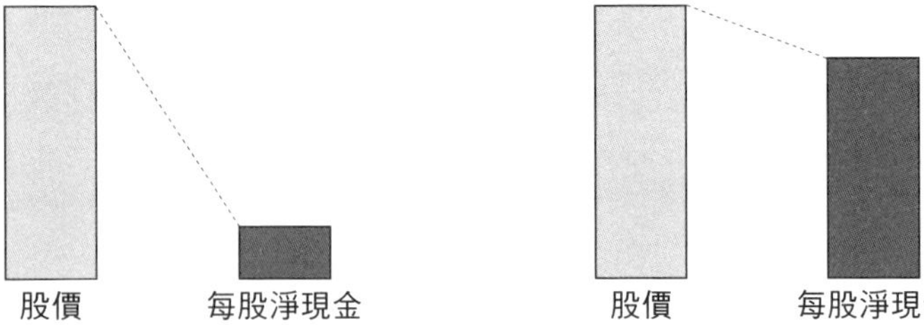

△ 股價－每股淨現金，金額大的個股代表資金實力小

○ 股價－每股淨現金，金額小的個股代表股價偏低

們要鎖定的個股。

要判斷淨現金的大小，可以參考「每股淨現金」這個指標，即將淨現金除以公司已發行的股票總數。用目前的股價減去這個數字越小，代表公司的價值就越大，股價則相對偏低。

POINT

- 比較公司資本與固定負債的比率，固定負債在25％以下代表財務健全。
- 用現在的股價減去每股淨現金，數字越小，股價就相對偏低。

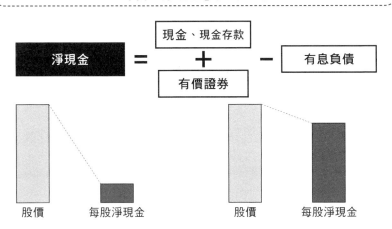

PART

5

熟年期

決定退休！用散戶的身分繼續探索10倍股

林區的**格言**

Lynch's words

「除非投資績效能勝過大盤，否則我絕不會輕易收手。」

——1993年，〈征服股海〉

熟年期

1991-2021

46歲退休，交棒「麥哲倫基金」

1990年，在執掌麥哲倫基金滿13年後，彼得．林區決定要從基金經理人的職務上退休了。他的理由是，**基金經理人的負擔越來越大**，這讓他沒有充分的時間與家人相處。

在退休前，林區不只得管理「麥哲倫基金」，他還為民間團體的投資委員會提供資產管理的支援，林林總總的工作疊加在一起，與家人相處的時間就變得越來越少。林區有三個女兒，在提到她們的時候，林區說：「我每個星期都得向她們自我介紹，否則她們都快忘記我是誰了。」

此外，林區父親的早逝也是他考慮退休的主要原因。林區的父親在46歲就去世了，當林區自己也到了46歲的時候，不免開始思考自己的命運。

林區說：「面對死亡的時候，我心中想的應該會是『如果當初我多花一點時間陪伴家人就好』，而不是『如果當初我多上幾天班就好』。」

推辭所有捧著現金找上門的公司

雖然林區卸下基金經理人的職務，但因為他的投資績效實在太亮眼，老東家富達投資的董事長，建議他不妨考慮去管理一檔資產規模比120億美元的「麥哲倫基金」小很多、大約1億美元的基金。

除了富達投資以外，許多投資機構也爭相邀約林區，希望他能來操刀自家的新基金，原因在於，林區的大名已傳遍市場，這個時候如果能用他的名字推出一檔基金，肯定有很大的商機。

只不過，林區拒絕了所有的邀約。

他的理由是：「因為按照我的個性，如果沒交出勝過大盤的成績單的話，我絕不會善罷干休。」這是典型林區會說的話，一路以來，他就是這樣盡責且細膩地執行基金操盤的工作。

對林區來說，即便管理的基金資產規模比麥哲倫還要小，但他要做的事還是一樣。無論是身在哪一家公司、管理哪一檔基金，**他都會像過去一樣全力追求投資績效，而要做到這一點，他就得為此馬不停蹄地進行各種研究**，這也代表他必須犧牲與家人相處的時間。

這就是林區的工作方式。正因為貪戀投資績效，而帶來這種必然的結果。

退休後的林區不再做任何全職工作，轉而當一個「好爸爸」，珍惜與家人共度的時光。

1988年，林區與妻子卡洛琳創立了林區基金會（Lynch Foundation），積極地參與許多慈善活動。由於林區夫妻的父母都是教育工作者，因此他們也對籌措獎學金等教育支援工作不遺餘力。

基金彼得・林區在卸下經理人的職務之後——
新身分是一位好爸爸，給予家人滿滿的愛與照顧。
啊！
買這個吧～爸爸！
這是Clearly Canadian的氣泡水吧？
我們家不是還有很多嗎？
我想再多補一些貨嘛！可以嗎？

林區的二女安妮非常喜歡最近市場剛推出的一款名為Clearly Canadian的氣泡水飲料。
CLEARLY CANADIAN
從林區家裡的冰箱塞滿了這個牌子的氣泡水，就可以看出安妮對它的熱愛程度。
爸爸～生產這個牌子氣泡水的公司，他們的股票有公開上市嗎？
我在標準普爾的指南上面沒有看到耶，應該沒有上市吧……
如果它有一天上市的話，你一定要買哦，它一定是一間好公司！
在那之後——大約過了1年的時間……

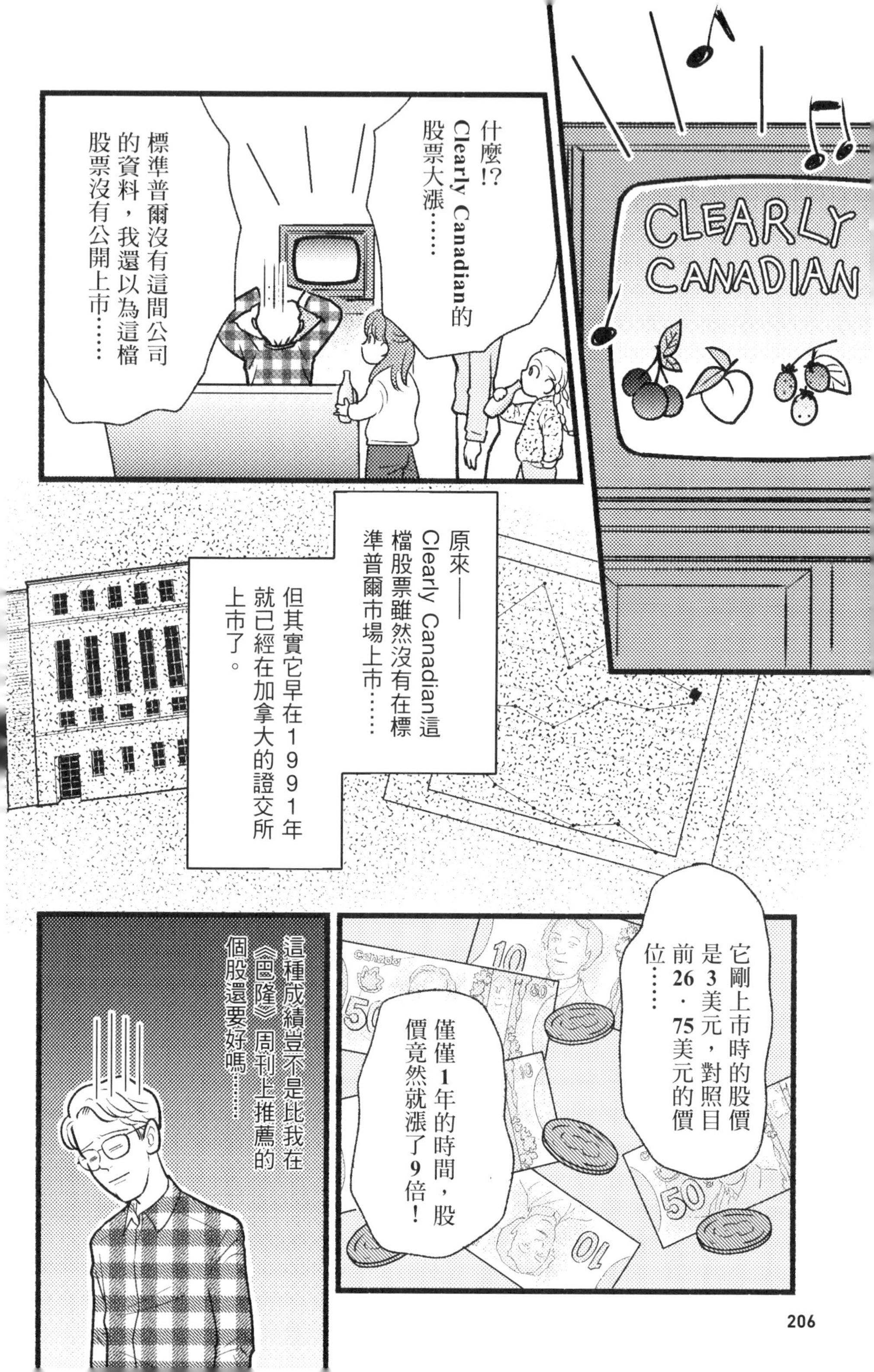
CLEARLY CANADIAN
什麼!? Clearly Canadian的股票大漲……
標準普爾沒有這間公司的資料，我還以為這檔股票沒有公開上市……
原來——Clearly Canadian這檔股票雖然沒有在標準普爾市場上市……
但其實它早在1991年就已經在加拿大的證交所上市了。
它剛上市時的股價是3美元，對照目前26.75美元的價位……
僅僅1年的時間，股價竟然就漲了9倍！
這種成績豈不是比我在《巴隆》周刊上推薦的個股還要好嗎……

哇～Clearly Canadian真是太厲害了！
最近它又推出了一種期間限定的新口味呢！
……
果然——孩子們之間正在流行什麼，我的敏感度還是不及這三個女兒……
後來
嘿爸～最近這個牌子的沐浴乳很受歡迎哦！
我學到了——在「投資」這件事情上，跟隨女兒們的流行雷達也是很重要的。

1990年——在美國麻塞諸塞州的聖阿格尼斯中學
這檔股票不會賺錢啦！
你看～公司的負債太多了！
但是它的業績很好啊！
這所學校的7年級生※，有一門特別的分組學習課程，這門課是社會科的一部分。
這是一堂「投資課」，學生們必須自己選擇股票，然後建立一個模擬的投資組合。
※相當於國中一年級。
據說要在股票投資上獲勝，並不需要特別高的學歷，也不需要任何證照……
如果真的是如此，這些孩子應該也能靠自己建立一個投資組合才對。
瓊・莫利斯
聖阿格尼斯中學教務主任
老師！

妳看——
我們的投資組合順利的獲利了呢！
真的嗎？讓我看看！
好厲害……！投資報酬率居然有70％！
雖然這只是一個模擬的投資，但是這些孩子都很有天分……
我希望讓其他人也看看他們的投資成果！
就這樣——莫利斯老師把學生們的投資成果，以及他們推薦的個股名單等資料，寄給了那位傳說中的基金經理人——彼得·林區。
富達投資總部
林區先生～這是要給您的信。
謝謝啦！
在卸下「麥哲倫基金」經理人的職務之後，當時林區仍兼任富達公司的研究顧問。

咦~這是從學校寄來的嗎？會是什麼呢……
這樣啊……是學生們製作的一份模擬投資組合的資料，
而且……投報率有70%，真是了不起的成績！
有潛力的股票
我想知道更多細節，最近找個時間招待孩子們來公司玩吧！
要招待小孩子嗎!?
富達投資高階主管餐廳
哇~富達公司請客欸！
那是——林區本人嗎？
太棒了~是披薩！
非常感謝您肯抽空邀請我們過來……
我才要謝謝老師，讓我知道這些驚人的投資祕訣！
話說回來……老師您的課真精彩，
每位孩子都做出很成功的分散投資啊！

把資金分散在不同的股票上，就算投資組合中某些股票虧損了，也能藉此彌補損失。
老師您也是這樣指導他們的嗎？
是的，我告訴他們有幾個投資股票的原則……
老師所說的投資原則總共有3個——
①投資組合中至少要納入10檔股票。
②至少要納入2至3檔高配息※的股票。
連續10年配息
1.○○マート
2.△△バーガー
3.×××
※公司分配給股東的利潤
③要正確地向其他同學說明所選公司的事業內容。
這個方法在我的課堂上效果還不錯。
這些都是基本但很有效的投資觀念，就連專業投資人也應該要向您學習才對！

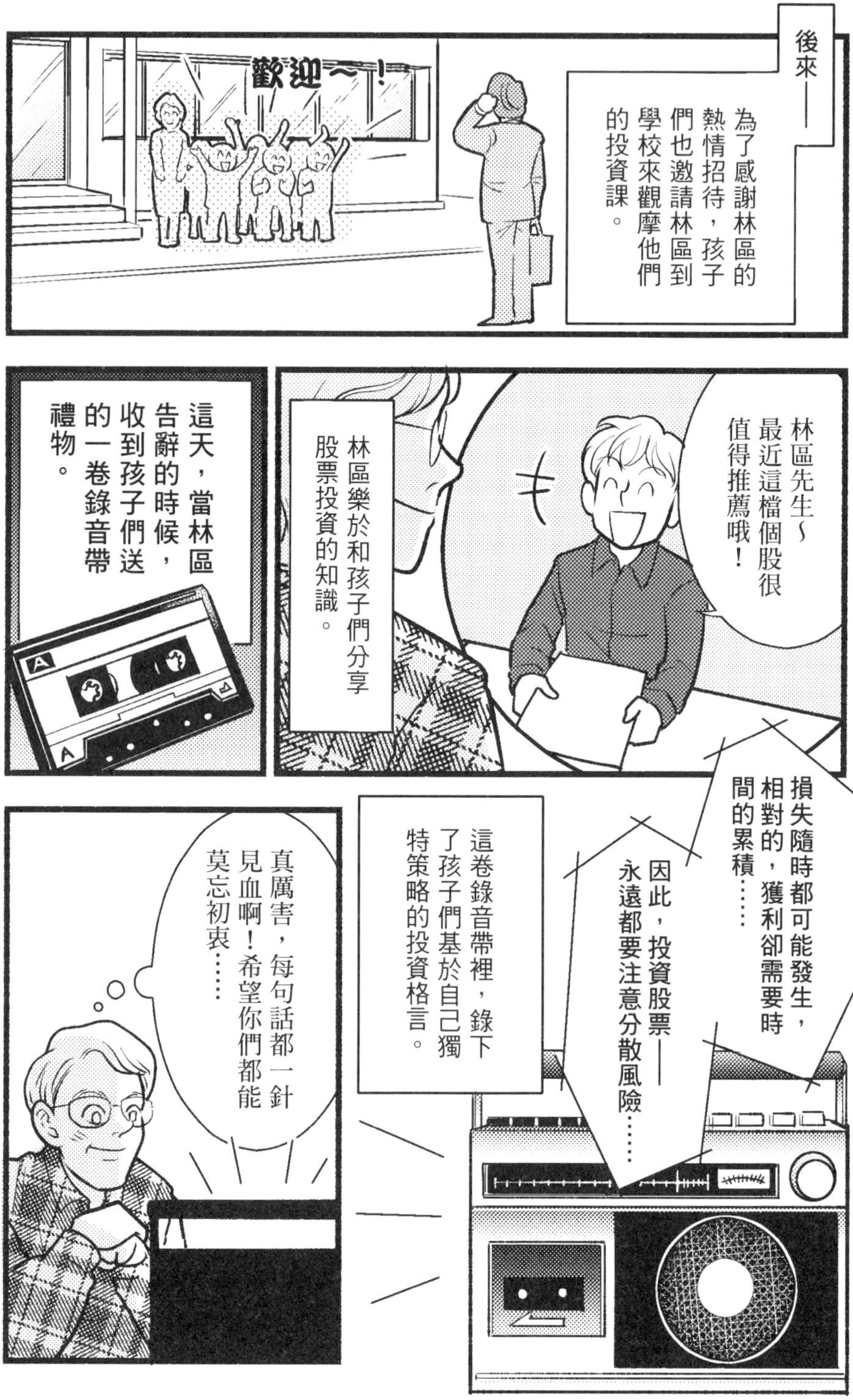
後來——
為了感謝林區的熱情招待，孩子們也邀請林區到學校來觀摩他們的投資課。
歡迎～！
林區先生～最近這檔個股很值得推薦哦！
林區樂於和孩子們分享股票投資的知識。
這天，當林區告辭的時候，收到孩子們送的一卷錄音帶禮物。
損失隨時都可能發生，相對的，獲利卻需要時間的累積……
因此，投資股票——永遠都要注意分散風險……
這卷錄音帶裡，錄下了孩子們基於自己獨特策略的投資格言。
真厲害，每句話都一針見血啊！希望你們都能莫忘初衷……

林區退休之後——
林區基金會
捐款額　累計
7520萬美元
他與妻子卡洛琳在1988年共同創立的「林區基金會」，截至2019年為止，捐款金額已經累計到了7520萬美元。
這個基金會
成立的目的是為了籌措捐贈給教育、宗教組織的款項。退休之後的林區，與妻子積極地參與慈善活動，並為此投入了許多心力。

例如——
2001年，為了幫助波士頓的一所學校，林區協助該校建立了一檔捐贈基金。
2004年，林區又協助哈佛大學醫學院，設立了系統生物學系。
此外——在卡洛琳的建議之下，
林區還特別捐贈了2000萬美元，成立了一所專門培養包括學校校長等傑出領導者的「林區領導力學院」（LLA）。
我希望能透過這項計畫來支持教育，因為在過去——
從來沒有針對一個校長的養成，進行專門指導和訓練的機構。

2015年，林區的妻子卡洛琳因病過世。
自從他們的基金會成立以來，卡洛琳一直都擔任基金會的董事長兼執行長，與林區攜手合作推動慈善事業。
為了對社會做出更大更好的貢獻，林區持續針對那些有潛力，且需要幫助的單位提供資金上的協助。
是否捐款，都是與對方面對面，聽取他們的報告後才決定……
而這種判斷的評估方式，就是承襲林區過去在基金經理人時期培養出來的方法。
直到現在，林區依然持續透過他的基金會，對全球慈善事業做出貢獻，包括支持2019年的獎學金計畫。

把握每一次與10倍股相遇的機會

給自己的選股功課

1970年代，因為妻子卡洛琳發現了Hanse公司，讓彼得・林區知道，原來從身邊的人身上也可以獲得投資靈感（請參閱第98頁）。即便到了1990年代，已經卸下基金經理人重擔的林區，依然積極地從家人身上汲取可供投資的想法，以散戶的身分活躍於金融市場。

林區有3個女兒，年齡從小學生到高中生都有。當時已經退休的林區跟女兒們說，如果她們平常發現了什麼有興趣的商品時，記得要來問爸爸一個問題：「這間公

司的股票有上市嗎？」

每當收到女兒的回報之後，林區就會進一步去調查那些公司適不適合作為投資標的。就這樣，他給自己設定了這個「功課」。

某一天，二女兒安妮問林區說：「Clearly Canadian氣泡水的股票有沒有上市？」這個品牌的氣泡水，是加拿大飲料廠商Clearly Food & Beverage生產的碳酸飲料。這個飲料是林區孩子們的新歡，家裡的冰箱裡總是塞滿了存貨。

為了調查該公司的背景，林區翻遍了彙整標準普爾個股資訊的指南，卻沒有找到相關的資料，因此他下意識的認為，「這應該是尚未上市的公司」，於是後來就沒有繼續再追蹤下去。

錯失一檔在國外上市的飆股

出乎林區意料的是，Clearly Food & Beverage的股票早已上市了，只不過它上市的地方不在美國，而是在加拿大的證交所。因此，美國股市當然不會有這檔股票的資訊。

該公司1991年上市時，股價是3美元，但是不到1年的時間，股價就飆漲至26．75美元，漲了大約9倍。這個成績，比1991年林區在美國知名的《巴隆》投資周刊上推薦的任何一檔股票都還要強。

難得女兒出了一個潛力股的「功課」給他，林區卻沒能發現它上市的市場並非在美國而錯失良機。

在購物中心發現的「美體小鋪」

當然，也有許多從女兒那裡聽來的股票，在經過林區反覆調查確認之後，最終成功抓到這些10倍股的。

例如有一次在購物的時候，他被女兒拉去一家名為「美體小鋪」（BODY SHOP）的商店。該公司以販售使用天然成分，例如水果等化妝及保養品而聞名，是購物中心裡特別受歡迎的品牌。林區沒有錯過這次好好調查的機會。

林區研究之後發現，美體小鋪是一間在英國上市的公司，1988年才進軍美國市場。也就是說，**它還處於業務擴張的初期階段，是一檔擁有適度的成長率、極具吸**

引力的股票。

雖然有本益比過高的問題，但是它未來的全球性發展相當值得期待，這讓「美體小舖」成為林區推薦的個股之一。

選股時的注意力 不要只放在同一個市場

第二、三線的市場也有選股良機

彼得・林區雖然從家人口中獲得Clearly Canadian這檔潛力股的線索，但卻因為疏於調查而未能從中獲利。而疏於調查的理由，是因為他所查閱的市場指南並未刊載那檔股票，因而做出那檔股票並未上市的判斷。

從這件事來看，**投資人的目光也要朝向那些平常鮮少關注的市場**，如此一來也能**提高發掘10倍股的機率**。

以日本股市為例，在選股的時候，多數人往往是從「東證一部」[1]的股票開始看起。然而，東京證交所（東證）還有比一部的上市基準更寬鬆，像是針對中型公司市

場的「東證二部」、針對新興公司市場的「MOTHERS」，以及針對中小型公司市場的「JASDAQ」等。

次頁的圖表顯示了在東證上市的「10倍股」，分別在哪一個市場交易。東證一部雖然彙集了眾多大型優良企業，但如果只看10倍股的話，只有半數的10倍股是在東證一部交易。

或許你會覺得，就算只有一半似乎也已經足夠了，但換個角度想，**「如果你只看東證一部的股票，那麼你就會錯失另一半分散在其他市場的10倍股」**。

僅次於東證一部，我們可以發現，針對新興公司市場的「JASDAQ」也是許多10倍股輩出之地。在JASDAQ這個市場的10倍股中，有販賣作業現場專用工作服的Workman（7564），由於該公司的事業版圖已拓展至包括女性服飾在內的一般服裝市場，這使它的業績及股價突飛猛進。

1 編按：「東證一部」相當於台灣的集中市場、「東證二部」相當於台灣的櫃買市場、「Mothers」則相當於台灣的興櫃市場。

東證中10倍股的個股比例

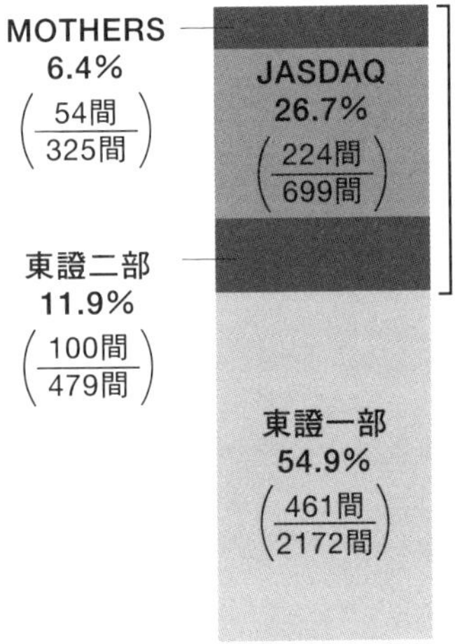
MOTHERS
6.4%
54間
325間
JASDAQ
26.7%
224間
699間
東證二部
11.9%
100間
479間
東證一部
54.9%
461間
2172間

東證二部
I.K（2722）
雜貨、食品等製造、販售及流通

JASDAQ
Workman（7564）
工作服、工作用具、戶外用品的販售

MOTHERS
J-Stream（4308）
影像及聲音等網路播放服務

ALBERT（3906）
大數據分析、AI演算法開發

RareJob（6096）
線上英語會話服務，目前已在東證一部上市

此外，還有分散在地方交易所的10倍股……

札證
RIZAP GROUP
（2928）
健身房及健康食品販售

名證
OKWAVE
（3808）
問答網站的建構及營運

※上述是東京證交所中，各市場所屬的「10倍股」比例。公司數據截至2020年7月（不包括外國股票），自2008年9月至2020年1月的最低價和最高價之比較。出處：日經BP〈日經Money〉

然而，自2022年4月開始，東京證交所將股市重新劃分為「Prime」、「Standard」「Growth」這3大級別。

大致來說，在東證一部上市的股票被劃分在Prime，在東證二部及JASDAQ上市的股票被劃分在Standard，而在MOTHERS及JASDAQ上市，但市值較低的股票就被劃分在Growth。

即便市場重新劃分，但原則還是一樣。投資人的目光不要只集中在Prime，還應該注意中型公司的Standard市場，以及成長性值得期待的Growth市場。

地方證交所有許多被忽略的好股票

在日本，除了東京證交所以外，還有札幌證交所（札證）、名古屋證交所（名證）、福岡證交所（福證）等市場。在這些證交所上市的公司，都是與該地區關係密切的企業。由於上市標準比東京證交所寬鬆，且維持上市的成本也較低，因此也不乏有全國性的知名企業在東京證交所以外的地方上市。例如，經營健身房及健康食品銷售的RIZAP GROUP（2928），就是2006年在札幌證交所上市的公司。該公司2014年時股價開始高漲，達成了10倍股。

不只是東證，聚焦札證等其他市場，就能進一步發現更多10倍股。而具體做法，就是以第84頁解說的「判斷誰是10倍股的13個關鍵線索」及第138頁解說的「小型成長股」為中心來篩選。特別是在新興公司的市場，存在許多未來成長可期的公司。

從進口商品中觀察外國股票

在外國股票當中，相較於其他國家，美股中有許多個股都能透過證券公司進行交易，因此也是日本人比較方便投資的外國股票。在日本也有開設服務的美股當中，有一檔達成10倍股的代表，那就是提供電子支付服務的Square。

該公司２００９年在美國創立，２０１５年在紐約證交所上市。**上市後約１年的時間股價都在10美元左右波動，但是到了２０２１年８月，股價已上漲至２８９美元。**

Square每年的獲利都以40至50%的速度成長，雖然以林區的標準來看，該公司存在「難以為繼」的可能性，但它所屬的產業和需要拓展店鋪的餐飲業不同，因此即便快速擴張業務，負債也不會因此過度增加，這是該公司的一大優勢。此外，由於它搭上了電子支付服務遍地開花的潮流，股價因而成功實現了10倍成長。

Square從２０１３年開始拓展在日本的業務，包括Bic Camera及Lawson便利商店等公司都陸續採用它的電子支付服務。你很容易發覺身邊的親朋好友在買東西時使用了新的支付方式，因此就能運用林區的選股法去發掘這一檔股票。

與本國的股票相比，要發掘外國的10倍股相對困難，實際能調查的商品及服務也比較有限，然而，如果是進軍本國市場、推出商品或服務的外商公司，就有充分的機

日本主要證券公司承作外國股票的數量

證券公司	美國股票	中國股票	韓國股票
盛寶SAXO證券	5,000檔以上	約2,000檔	–
DMM.com證券	1,200檔以上	–	–
SBI證券	4,500檔以上	約1,400檔	60檔以上
Monex證券	4,500檔以上	約2,600檔	–
樂天證券	約4400檔	1,000檔以上	–
野村證券	約800檔	約230檔	約850檔

※截至2021年11月1日的統計

在日本，可以交易的外國股票數量以美股最多，可以透過第84頁的「判斷10倍股的13個關鍵線索」去選股。

會能進行調查了。在閱讀財報時，包括「營業額（營收）」或是「利潤」、「負債」等項目，也都可以透過翻譯軟體來做確認。

在某種程度上習慣了尋找10倍股的方法之後，若要拓展選股的視野，建議就從美股開始下手。

POINT

- **日股中的MOTHERS及JASDAQ市場，存在許多具成長潛力的小型股。**
- **放眼全球市場，不要錯過任何找到10倍股的機會。**

熟年期的重要場景❷
IMPORTANT SCENE

從中學生身上學到的投資基本功

獲得超過70%投報率的中學生

退休後的彼得．林區在不增加自己負擔的範圍內，仍兼任富達公司的投資顧問。

有一天，林區收到了一份從聖阿格尼斯中學寄來的資料，裡頭是由七年級學生們所製作的推薦個股一覽表，以及根據他們的投資組合所做的模擬交易狀況。

模擬的結果顯示，孩子們用2年的時間就取得超過70%投報率的好成績，這讓林區感到相當佩服，於是他把自己跟這所學校的互動經歷，寫在《征服股海》這本著作

咦~這是從學校寄來的嗎？會是什麼呢……
這樣啊……是學生們製作的一份模擬投資組合的資料，
而且……投報率有70%，真是了不起的成績！
有潛力的股票

中，說明這些小小投資人是如何辦到的。

建立投資組合的基本功

在聖阿格尼斯中學，由瓊・莫利斯老師帶領的社會科課程中，設計了一門讓學生自己建立一個投資組合的課。

學生們以4個人為一組，莫利斯老師把虛擬的投資資金交給各個小組。學生們必須根據報紙上的股票資訊，列舉出自己喜歡的公司，然後針對每間公司進行研究，並將研究結果跟組員們討論，決定究竟要把哪一檔股票放進投資組合中。事實上，這種做法就跟華爾街的基金經理人在選股時所做的事一模一樣，這讓林區大感訝異。

莫利斯老師除了指導包括「如何閱讀財經新聞」等基本的研究方法之外，也制定了幾個建立投資組合的原則，包括：

①投資組合中至少要納入10檔股票。
②至少要納入2至3檔高配息的股票。

③要正確地向其他同學說明所選公司的事業內容。

依照這個原則所建立出來的投資組合，在模擬交易時獲得了遠遠超越當時標普500指數[2]26%漲幅的驚人成果。莫利斯老師與學生們的這堂課，正好驗證了林區所說，「業餘投資者（散戶）也能在投資上獲得成功」的信條。

透過這門課，學生們也歸納出幾句投資格言，像是「損失隨時都可能發生，但獲利卻需要時間的累積」、「股價便宜不應該是買進股票的理由，而是夠了解一間公司才買進它的股票」等等，這些格言與林區的投資哲學有許多共通點，其中也包括了「隨時謹記分散投資的重要性」這句話。

做好「分散投資」的原則

從林區擔任基金經理人以來，就不斷強調分散投資的重要性，但他並未具體說明「所謂的分散，究竟應該要分散到多少檔股票」的標準。當時他所做的分散投資，只是以「盡量多選一檔10倍股」為目標。

自從他與聖阿格尼斯中學的學生們交流、接觸到實際的散戶之後，他開始對此提出具體的數字。

下一頁將針對林區所謂「適當的分散投資個股數」加以解說。

2 即S&P500指數，是美國代表性的市場指數之一，是以500間美國一流公司的股價基礎所計算出來的指數。

把手中持股控制在5檔股票之內

用分散投資來規避風險

到目前為止，本書介紹了個股的研究法、選擇法、買賣法等，最後要解說的是「應該持有多少檔股票」。

在投資的世界裡，對於「分散投資」與「集中投資」哪一種可以得到更高的投資回報，經常引發許多不同意見的討論。

所謂的分散投資，顧名思義，就是把資金分散到不同的投資標的中，藉此規避風險。

例如，投資組合中的10檔股票就算有3檔大幅下跌，但只要其餘7檔的報酬夠

「分散投資」與「集中投資」的特點

分散投資

林區推薦

優點

- 就算有部分持股下跌，其他持股也可能彌補損失，分散風險。
- **提高狙擊10倍股的機率。**

缺點

- 持股過於分散會較難管理。
- 投報率比集中投資來得低。

集中投資

優點

- 股價上漲多少，獲利就有多少。

缺點

- 股價下跌多少，損失就有多少。

大，就能彌補損失。

要分散風險，就必須分散投資不同產業、不同領域的個股。

假設你持有的10檔股票全都是科技股的話，只要科技業的發展不如預期，你的持股就有可能會全軍覆沒，因為這個投資組合並未做到分散風險。

相反的，把資金分散到科技、汽車製造、零售業等不同領域的股票，才是比較理想的做法。

此外，林區指出分散投資的另一大優勢，就在於「若能增加投資標的，命中10倍股的機率也會增加」。

有時股票會因為某些意想不到的因素而上漲，若你的持股涵蓋範圍較廣，就更容易狙擊到10倍股。

要注意的是，如果投資標的太過分散的話，缺點就是很難去追蹤每檔個股的動向，若沒有察覺到業績或本益比等細微變化的話，很容易錯失買賣訊號而失之交臂，因此，持股太多也很容易本末倒置。

相對的，**所謂的「集中投資」，就是只投資特定的股票**。優點在於，若鎖定的股票大漲的話，就能獲得相應的報酬。但別忘了，股價也有可能會大幅下跌，因此，集中投資可以說是一種高風險、高報酬的投資手法。

雖然也有很多人透過集中投資、瞄準小型成長股而獲得龐大的報酬，如果能充分理解風險的話，這個做法確實有獲得暴利的可能性。早在林區活躍於市場的年代，著名投資家之間就分為「分散投資」和「集中投資」這兩大門派，而林區自己始終都是信仰「分散投資」的實踐者。

林區推薦的「分散投資法」

林區給散戶的分散投資建議是，**「把持股控制在5檔股票之內」**。正如前文所述，這麼做可以分散風險。林區指出，在投資5檔不同類型的股票時，其中一檔有可能會大漲，另一檔有可能會大跌，而其餘三檔則可能表現平穩。

就算5檔持股中有4檔未能成為10倍股，但只要剩下來的那一檔大賺的話，就能讓整體投資組合的資產倍增。

但如果你是集中投資一檔個股，但成果平平的話，整體的資產也只是微幅增加，若運氣不好，甚至有可能碰到股價大跌。

將持股控制在5檔以內，也有方便管理的優點。

此外，林區也指出，**散戶的個股觀察名單可以控制在8至12檔左右，這是最容易持續追蹤、不至於造成太大負擔的數量**。

要注意的是，那些放進「觀察名單」、持續追蹤的個股，並不等於是當下最適合投資的個股。

把持股數量控制在5檔之內的優點

將資金分散到個股①～⑤的話……

個股①～③
雖然不如10倍股，但獲利還算可以。

若公司業績好且長期持有它的話，未來的獲利可期。

個股④
因無法預期的業績下滑等因素造成股價大跌。

即使是專業投資人，也無法百分之百的避開這類風險。

個股⑤
準確預測，股價大漲。

只要有1檔像這樣中大獎的個股，就能完全彌補其他4檔的損失。

例如，「該公司正在計畫擴張事業版圖，但我對他們的做法有所疑慮，因此先把它放進觀察名單」，或者「該公司近期的業績下滑，我先把它放進觀察名單，觀望一陣子再說」等情況，都代表一檔股票需要再持續追蹤。

綜上所述，把持續追蹤的個股數量控制在8至12檔，同時把持股數量控制在5檔之內，就能減輕研究的負擔，也能有效地分散風險。

雖然林區在擔任基金經理人的時候，曾一次追蹤上百檔的個股，但畢竟操作基金的思維、可用資源與資金

散戶可以持續追蹤的個股數量

1～3檔	8～12檔	20檔以上
	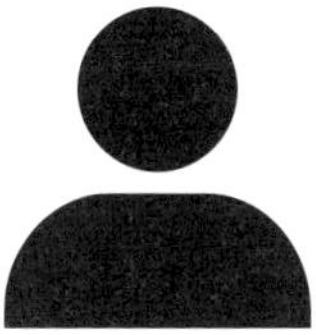	
若追蹤的股票太少，持有的股票也會減少，如此一來就不能稱為是分散投資。	散戶最容易持續追蹤、不至於造成太大負擔的數量。從中選擇買進條件適合的股票。	花在觀察與研究個股的時間因此變多了，追蹤起來有點勉強，很容易顧此失彼。

可根據個人習慣與生活節奏，調整易於追蹤的個股數量！

規模，都跟散戶截然不同（請參閱第134頁），因此散戶切莫仿效那種做法。

POINT

- 釐清分散投資與集中投資各有哪些優缺點。
- 把持股數量控制在5檔之內，藉此控制風險。
- 把持續追蹤的個股數量控制在8至12檔。

History
彼得林區的年譜

追溯彼得林區從幼年期到最後成為選股大師的一生！

START

1944年｜0歲

- 1月19日出生於麻塞諸塞州紐頓市。

1954年｜10歲

- 父親去世。

1955年｜11歲

- 開始在高爾夫球場打工當桿弟。

1961年｜17歲

- 進入波士頓大學。

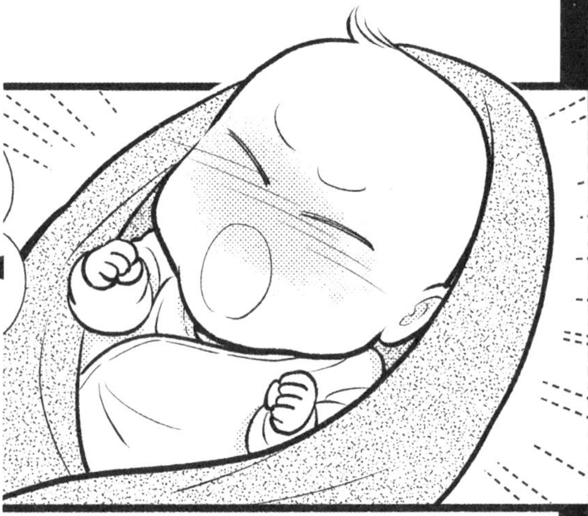

上了高中後的林區開始發現，除了薪水很不錯之外，桿弟這份工作還有額外的「好處」。

1963年｜19歲

- 第一次投資股票，買進「飛虎航空」。不到2年，該公司就成為10倍股。

1965年｜21歲

- 應徵富達投資的實習生。
- 波士頓大學畢業。
- 進入賓州大學華頓商學院。

1966年｜22歲

- 順利錄取富達投資的實習生，開始接觸投資實務的工作。

我、如果我可以的話……我很樂意！

1968年5月11日

1967年｜23歲

- 華頓商學院畢業。
- 以中尉官階至砲兵部隊服役。

1968年｜24歲

- 與卡洛琳結婚。

1969年｜25歲

- 正式進入富達投資擔任分析師。

短短5年的時間，林區就升任為研究部門的總監。
他的研究能力受到賞識，並於1977年出任「麥哲倫基金」的經理人。

1974年 | 30歲

- 晉升為研究部門的總監。

1977年 | 33歲

- 出任「麥哲倫基金」的經理人。

1978年 | 34歲

- 深入調查後，買進「拉昆特汽車旅館」的股票。

1981年 | 37歲

- 「麥哲倫基金」解除停止銷售狀態，再次公開募集。

1982年 | 38歲

- 投資「克萊斯勒」的股票。
- 受邀擔任熱門電視節目「華爾街週報」的來賓，知名度大升。

1987年 | 43歲

- 發生黑色星期一事件※。

聽說您買進克萊斯勒的股票，這是真的嗎!?

※發生在1987年10月19日星期一的全球股災，道瓊指數單日暴跌508點，跌幅達22.6%，並連帶影響其他國家的股市崩跌。

在卸下「麥哲倫基金」經理人的職務之後，當時林區仍兼任富達公司的研究顧問。

1988年｜44歲

- 與妻子卡洛琳成立「林區基金會」。

1989年｜45歲

- 出版《彼得林區選股戰略》這本暢銷書。
- 林區的「鮮花與雜草論」被巴菲特引用。

1990年｜46歲

- **卸下「麥哲倫基金」經理人的職務退休。**

1977年林區上任時，基金的資產為1800萬美元，13年後當林區退休時已增加至140億美元，增加了777倍。

是否捐款，都是與對方面對面，聽取他們的報告後才決定……

1993年｜49歲

- 出版新書《征服股海》。

2004年｜60歲

- 協助哈佛大學醫學院成立「系統生物學系」。

2010年｜66歲

- 成立「林區領導力學院」。

2015年｜71歲

- 妻子卡洛琳去世。

2019年｜75歲

- 「林區基金會」的累計捐款金額到達7520萬美元。

結語

感謝您閱讀這本書。

彼得．林區把股票區分為：①緩慢成長股、②穩健成長股、③資產股、④快速成長股、⑤景氣循環股，以及⑥轉機股等6大類型。正確交易的話，任何一種類型的股票都有可能獲取利益，特別是④～⑥是很容易找到10倍股的類型。

不過，哪種類型較易鎖定，就要看您自身的性格了。如果個性有衝勁就適合「快速成長股」，喜歡思考理論的人就適合「景氣循環股」，逆向思考的人就適合「轉機股」。如果選擇了不適合自己個性的股票，就不容易賺到錢。

您適合哪種類型的股票呢？不試試看是不會知道的。試著找出適合自己的股票，就是投資成功的第一步。

請務必從今天開始去尋找優秀的股票吧！

梓井駿介

【提醒事項】

股票投資一定有風險的交易，有可能受市場波動導致本金損失。

本書係以提供資訊為目的，包括股票投資的相關方法與知識，但並不鼓勵勸誘或買賣股票的行為。

關於本書所解說的內容，儘管希望能面面俱到，但並不保證其資訊的正確性與完整性。包括製作者、銷售者及作者，對於本書資訊所衍生的投資結果概不負責。實際的投資交易請在個人判斷與責任下進行。

關於書中所述的狀況等歷史認知的部分，乃經監修者確認或根據相關資料進行編製。儘管出版社與製作者力求本書的正確性，但仍有可能因立場不同而有不同的解釋，懇請知悉。

漫畫 彼得林區10倍+選股術

マンガでわかる ピーター・リンチの投資術

總 監 修　栫井駿介
漫　　畫　Chabo
譯　　者　張婷婷
主　　編　郭峰吾

總 編 輯　李映慧
執 行 長　陳旭華（steve@bookrep.com.tw）

出　　版　大牌出版／遠足文化事業股份有限公司
發　　行　遠足文化事業股份有限公司（讀書共和國出版集團）
地　　址　23141新北市新店區民權路108-2號9樓
電　　話　+886- 2- 2218 1417
郵撥帳號　19504465遠足文化事業股份有限公司

封面設計　萬勝安
排　　版　藍天圖物宣字社
印　　製　博創印藝文化事業有限公司
法律顧問　華洋法律事務所 蘇文生律師

定　　價　380元
初　　版　2024年2月

電子書EISBN
978-626-7378-41-0（EPUB）
978-626-7378-40-3（PDF）

國家圖書館出版品預行編目（CIP）資料

漫畫 彼得林區 10 倍 + 選股術 / 栫井駿介 總監修 ; Chabo 漫畫 ; 張婷婷 譯 . – 初版 . --
新北市：大牌出版 , 遠足文化事業股份有限公司 , 2024.2
248 面 ; 14.8×21 公分
譯自：マンガでわかる ピーター・リンチの投資術
ISBN 978-626-7378-44-1 (平裝)
1. 股票投資 2. 投資技術 3. 投資分析

563.53　　　　112022005